속담 하나
이야기 하나

임덕연 글 · 안윤경 그림

산하

| 글쓴이의 말 |

아름다운 우리 속담을 찾아서

　어느 날 《속담 사전》을 뒤적이다가 아주 재미난 글귀를 발견했습니다. '황희 정승네 치마 하나로 세 어미 딸이 입듯'이라는 속담이었습니다.
　황희 정승네 집에 세종대왕이 찾아오자, 누더기를 입고 있던 부인과 딸들이 임금님께 인사를 올리려 합니다. 그런데 입고 나갈 옷이 없어 쩔쩔매는 광경이 그려지는 내용이었습니다. 이런 모습이 머릿속에 떠오르자 나도 모르게 웃음이 나왔습니다. 정직하고 가난하게 살아가는 황희 정승의 생활을 어쩌면 이렇게 잘 비유했을까, 하며 무릎을 치기까지 했습니다.
　이렇듯 전해 내려오는 속담들을 살펴보면 우리 조상들이 얼마나 슬기롭고 재치 있게 살았으며, 열심히 생활했는지 알게 됩니다. 또한 속담에는 각 지방의 풍습과 성격도 잘 나타냅니다.

우리나라 속담들은 보물 창고에 가득 쌓인 보석처럼 아름답습니다. 하지만 창고에 쌓아 놓기만 한 보물은 가치가 없습니다. 쓰지 않는 보물은 소용이 없으니까요. 마찬가지로 속담도 생활 속에서 자꾸 사용해야 참된 가치가 살아나게 됩니다.

요즘 우리말에서는 속담이 많이 쓰이지 않습니다. 안타깝게도 글에서만 조금씩 쓰일 뿐입니다. 하지만 속담을 무조건 외워서 쓸 수는 없는 노릇입니다. 속담이 생겨난 배경을 이야기 속에서 알게 되면 저절로 뜻을 익혀 자연스럽게 써먹을 수 있게 됩니다.

써먹지 않는 우리말은 죽어 버립니다. 속담도 많은 사람들이 생활 속에서 계속 사용해야 살아남을 수 있습니다.

자. 그럼 우리 함께 이야기 속으로 속담 여행을 떠나 볼까요?

새봄을 맞으며

임덕연

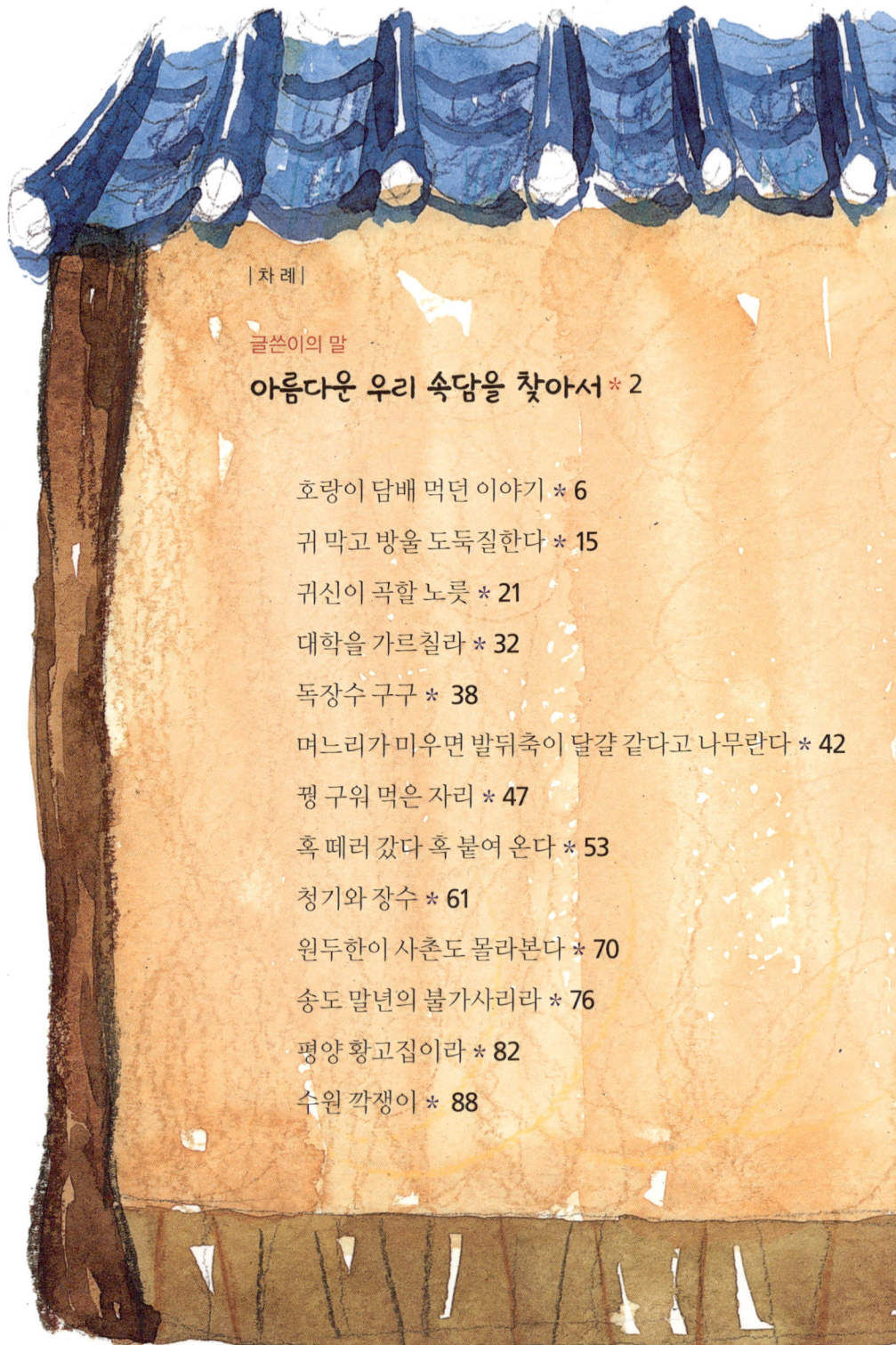

| 차례 |

글쓴이의 말
아름다운 우리 속담을 찾아서 * 2

호랑이 담배 먹던 이야기 * 6

귀 막고 방울 도둑질한다 * 15

귀신이 곡할 노릇 * 21

대학을 가르칠라 * 32

독장수 구구 * 38

며느리가 미우면 발뒤축이 달걀 같다고 나무란다 * 42

꿩 구워 먹은 자리 * 47

혹 떼러 갔다 혹 붙여 온다 * 53

청기와 장수 * 61

원두한이 사촌도 몰라본다 * 70

송도 말년의 불가사리라 * 76

평양 황고집이라 * 82

수원 깍쟁이 * 88

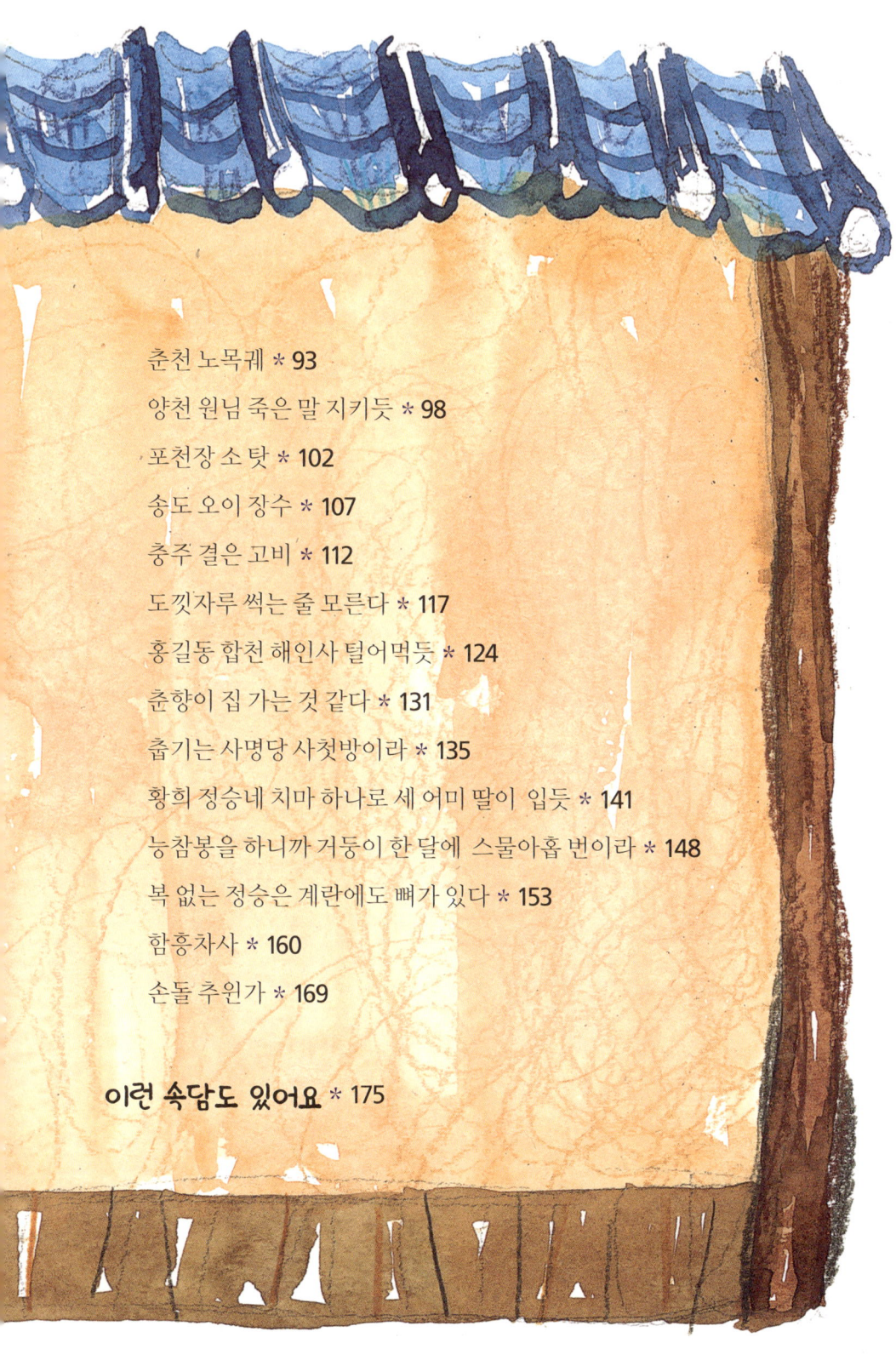

춘천 노목궤 * 93

양천 원님 죽은 말 지키듯 * 98

포천장 소 탓 * 102

송도 오이 장수 * 107

충주 결은 고비 * 112

도낏자루 썩는 줄 모른다 * 117

홍길동 합천 해인사 털어먹듯 * 124

춘향이 집 가는 것 같다 * 131

춥기는 사명당 사첫방이라 * 135

황희 정승네 치마 하나로 세 어미 딸이 입듯 * 141

능참봉을 하니까 거둥이 한 달에 스물아홉 번이라 * 148

복 없는 정승은 계란에도 뼈가 있다 * 153

함흥차사 * 160

손돌 추원가 * 169

이런 속담도 있어요 * 175

호랑이 담배 먹던 이야기

　할머니들은 옛날이야기를 들려줄 때마다 '옛날 옛적 호랑이 담배 먹던 시절에'라고 시작합니다. 왜 호랑이 담배 먹던 시절이라고 했을까요? 바로 이 이야기 때문이랍니다.

　옛날 어느 고을에 아주 친한 친구 사이인 이 서방과 김 서방이 살았습니다. 두 사람은 어릴 적부터 냇가에서 멱도 감고, 글공부도 같이 했습니다. 둘은 함께 과거를 보았는데, 이 서방만 과거에 급제했습니다.

　"나 혼자 과거에 합격해서 미안하네."

　이 서방이 말했습니다.

　"아니네. 자네 실력이 이제야 빛을 보는 걸세. 축하하네."

이 서방은 벼슬길에 올랐고. 김 서방은 다시 고향에 내려와 병든 어머니를 모시고 아내와 가난하게 살았습니다.

"어머니 병환이 빨리 나아야 하는데."

김 서방은 어머니 때문에 늘 걱정되었습니다.

그러던 어느 날. 문밖에서 인기척이 나서 김 서방이 나가 보니 스님 한 사람이 서 있었습니다.

"지나가는 길에 부처님께 시주 좀 하시라고 들렀습니다."

스님이 합장을 하며 말했습니다.

"저희도 살림이 넉넉하진 않지만 조금이라도 시주를 하지요. 여기 저녁때 먹을 쌀을 조금 나눠 드리겠습니다."

"정말 고맙습니다. 그런데 무슨 걱정거리라도 있습니까?"

스님이 김 서방의 낯빛을 살피며 물었습니다.

"네. 어머니 병환이 깊으셔서……."

"아. 그러시군요. 제가 어머니 병환을 낫게 할 비법을 알려 드리겠습니다. 자. 가까이 오시지요."

스님은 김 서방의 귀에 대고 무슨 말인가를 소곤거렸습니다.

스님이 가르쳐 준 방법은 100일 동안 날마다 개 한 마리씩을 잡아 푹 삶아서 드리라는 것이었습니다. 김 서방이 어떻게 하루에 한 마리씩 개를 구하느냐고 묻자, 스님은 김 서방이 호랑이로 변해서 잡아 오면 된다고 했습니다.

스님은 누가 들을세라 소곤소곤 말하면서 부적을 두 장 주었습니다. 한 장은 호랑이로 변하는 것이었고, 다른 한 장은 사람으로 돌아오는 것이었습니다.

그런데 꼭 명심해야 할 것은 호랑이나 사람으로 변할 때에 보는 사람이 아무도 없어야 한다는 것이었습니다.

다음 날부터 김 서방은 밤이면 호랑이로 변해 날마다 개를 잡아 어머니에게 드렸습니다.

"자, 어제까지 아흔여덟 마리를 잡아 드렸구나. 두 마리만 더 잡으면 어머니 병을 낫게 할 수 있겠다."

김 서방은 이제 두 번만 더 호랑이로 변해 개를 잡아 오면

어머니의 병이 나으리라 생각하니 기분이 좋았습니다.

한편 김 서방의 아내는 남편의 행동이 몹시 이상했습니다. 어디서 날마다 개를 한 마리씩 끌고 와서 어머니에게 보신탕을 해 주는 것이 수상했던 것입니다. 더 의심스러운 것은 방문을 안으로 걸어 잠그고 중얼중얼 무슨 주문 같은 것을 외우는 것이었습니다.

'오늘은 뭘 하는지 꼭 알아내고 말리라.'

이렇게 생각한 아내는 남편이 방에 들어가 문고리를 걸자, 손가락에 침을 묻혀 창호지 문을 뚫었습니다.

'아니!'

방 안을 들여다본 아내는 깜짝 놀랐습니다. 남편이 부적을 붙이고 중얼중얼 주문을 외자 갑자기 커다란 호랑이로 변하는 게 아니겠어요? 호랑이는 그길로 뛰어나갔습니다.

"이 일을 어떻게 해야 하나? 옳지. 저 부적을 태워 버려야겠다."

김 서방의 아내는 부적을 없애 버리면 남편이 무서운 호랑이로 변하지 않을 거라고 생각하고는 부적을 찾아서 태워 버렸습니다.

밤늦게 개를 잡아 가지고 돌아온 김 서방은 방에 들어가 사람으로 돌아오는 부적을 찾았습니다.

"부적이 어디 갔지? 내 분명히 여기다 두었는데!"

하지만 눈을 씻고 찾아봐도 부적은 보이지 않았습니다. 한참 부적을 찾는데 아내가 방문을 열고 들어왔습니다.

"무얼 그리 찾으세요?"

"내가 여기 부적을 넣어 두었는데 못 봤소?"

김 서방은 자기가 지금 호랑이로 변해 있다는 것도 잊은 채 다급하게 말했습니다.

"아, 그거요!"

"난 그것이 없으면 사람으로 못 돌아오오. 어서 부적을 주시오."

김 서방은 애가 탔습니다.

"어머, 어쩌나. 그걸 그만 태워 버렸어요."

김 서방의 아내는 그제야 자신의 실수를 깨닫고 안절부절못했습니다.

"뭐, 태워 버려? 아이고, 이제 난 죽었네."

호랑이로 변한 김 서방은 홧김에 아내를 번쩍 들어 마당에 내

던졌습니다. 그때 마침 방문을 열고 나오려던 어머니는 호랑이가 며느리를 죽이는 모습을 보고 놀라 기절하더니 영영 깨어나지 못했습니다.

　김 서방은 하늘이 무너지는 것 같았습니다. 자기는 호랑이로 변해 사람으로 못 돌아가고, 아내와 어머니마저 죽었으니 말입니다.

　"우선 옆집 박 서방에게 가서 음식 좀 달래야겠다. 배가 고파 미치겠는걸."

　호랑이는 박 서방을 찾아가 사정 이야기를 하고 밥을 얻어 먹었습니다.

　"여보게. 자네가 아무리 김 서방이라고 하나. 호랑이로 변한 이상 마을에서 사는 것은 힘들 것 같네. 나라에서는 포수를 시켜 자네를 잡으려고 할 걸세. 산에 올라가 있다가 배가 고프면 내려오게나."

박 서방은 김 서방의 처지가 불쌍했지만 어쩔 수 없었습니다.

"그래. 그게 좋겠군. 아이고, 내 팔자야."

호랑이는 산으로 올라갔습니다. 처음에는 이야기를 들은 마을 사람들이 호랑이가 내려오면 음식을 주었으나, 차츰 푸념을 하기 시작했습니다.

"아니. 언제까지 먹여 살려야 해. 우리가 먹을 것도 없는데."

호랑이는 이제 음식 얻어먹기도 어려워 한숨만 내쉬었습니다.

그러던 어느 날. 배가 너무 고프자 호랑이는 하는 수 없이 나무꾼들을 잡아먹기 시작했습니다.

마을에서는 큰일이 났습니다. 마을 사람들은 산에 나무를 하러 가지 못했습니다. 나무를 하러 가더라도 여러 명이 함께 가야 안전했습니다.

사람들이 아예 산에 올라오지 않거나 떼 지어 몰려오자 호랑이는 또 굶기 시작했습니다.

하루는 하도 배가 고파서 고갯마루에 배를 깔고 엎드려 있었습니다. 그때, 울긋불긋한 관복을 차려입은 사람이 땀을 뻘뻘 흘리며 올라오고 있었습니다. 호랑이는 배고픈데 마침 잘 됐다 싶어 그 사람 앞으로 달려 나갔습니다.

"어흥!"

관복을 입은 사람은 크게 놀랐으나 금방 정신을 차리고 말했습니다.

"나는 양주 사또로 새로 부임해 가는 사람이다. 어서 길을 비켜라."

그런데 호랑이가 가만히 보니 새 양주 사또는 옛날 자기 친구인 이 서방이었습니다.

"아니, 이게 누군가! 이 서방 아닌가! 날세, 나 김 서방이네."

"뭐, 김 서방? 내 여기 호랑이가 사람을 자주 해친다는 소리를 들었네만, 자네일 줄은 몰랐네. 어찌 된 일인가?"

새 양주 사또는 반갑기도 했지만 어리둥절해서 물었습니다.

호랑이는 그동안 있었던 일을 자세히 들려주었습니다.

"아니, 그게 사실인가? 자, 내려가세."

새 양주 사또는 호랑이에게 맛있는 음식을 대접했습니다.

"여보게, 나 담배 한 대 주게."

호랑이는 친구가 다정하게 대해 주자 눈물을 주르르 흘렸습니다. 호랑이는 긴 담뱃대로 담배를 피우면서 그동안의 고생을 생각했습니다.

아득한 옛날 이야기란 뜻으로 '호랑이 담배 먹던 이야기'라는 속담은 이렇게 해서 생겨났답니다.

귀 막고 방울 도둑질한다

 옛날 어느 마을에 아주 큰 부자가 살았습니다. 그 부자는 많은 재물을 혼자 지키기가 벅찼습니다. 그렇다고 하인을 따로 두어 지키게 하려니 밥해 먹이고 새경(일한 대가로 받는 돈이나. 물건) 주는 것이 아까워서 엄두를 못 냈습니다.

 부자는 생각 끝에 모든 문에 방울을 달기로 했습니다. 대문에는 아주 커다란 방울을 달아 놓아서. 누가 대문을 건드리기만 해도 시끄럽게 딸랑딸랑 울렸습니다. 그러다 보니 밖에 누가 왔는지 안에서도 금방 알 수 있었습니다.

 이웃 마을에 어리석은 도둑 둘이 살고 있었습니다. 두 도둑은 부잣집을 어떻게 털어 볼까 궁리를 했습니다.

"저 집에는 값진 것이 많아 한 번만 잘 털면 평생을 먹고살 수 있을 텐데, 문마다 방울이 달려 있으니 도대체 들어갈 수가 없단 말이야."

한 도둑이 말했습니다.

"그러게 말이야. 어떻게 하면 그 집을 멋지게 털 수 있을까?"

다른 도둑도 맞장구를 쳤습니다.

"방울이 울리지만 않으면 되잖아."

"맞아. 그 부자 귀가 어찌나 밝은지 조금만 방울 소리가 들려도 달려 나온단 말이지."

두 도둑은 머리를 싸매고 궁리를 했습니다.

"방울 소리가 안 들리게 하는 무슨 좋은 방법이 없을까?"

"옳지! 됐다, 됐어! 오늘 밤 우리 그 부잣집을 털러 가자."

한 도둑이 좋은 생각이 떠오른 듯 손뼉을 쳤습니다.

"무슨 방법인데? 어서 말해 봐!"

다른 도둑이 조바심치며 말했습니다.

"이 바보야, 아주 간단해. 내 말 잘 들어 봐."

"돌머리도 돌아갈 때가 있구나! 그래, 어서 얘기해 봐."

"봐라, 소리는 어디로 듣냐?"

"바보. 그거야 귀로 듣지. 어디로 듣냐!"

"그래. 귀로 듣지? 귀를 막으면 어떻게 되겠니? 그러니까 방울 소리를 안 들리게 하려면 귀를 막아야 한다고. 자. 내가 소리 칠게 귀 막고 있어 봐."

한 도둑이 귀를 막고 섰습니다. 그러자 다른 도둑이 손나팔을 만들어 소리쳤습니다.

"에이. 도둑놈아!"

다른 도둑이 아무리 욕을 해도 귀를 막고 있는 도둑은 잘 들리지 않아 그냥 멍하니 서 있기만 했습니다.

"야. 하나도 안 들린다. 이번엔 네가 해 봐. 내가 소리쳐 볼게."

두 도둑이 서로 역할을 바꿔서 소리쳐 봤으나 역시 들리지 않았습니다.

"그런데 소리치는 내겐 들리는데."

한 도둑이 걱정스러운 듯 말했습니다.

"그것도 문제없어. 여기 솜으로 틀어막으면 돼. 너도 틀어 막고 나도 틀어막자고. 자. 저리 가서 다시 소리쳐 봐."

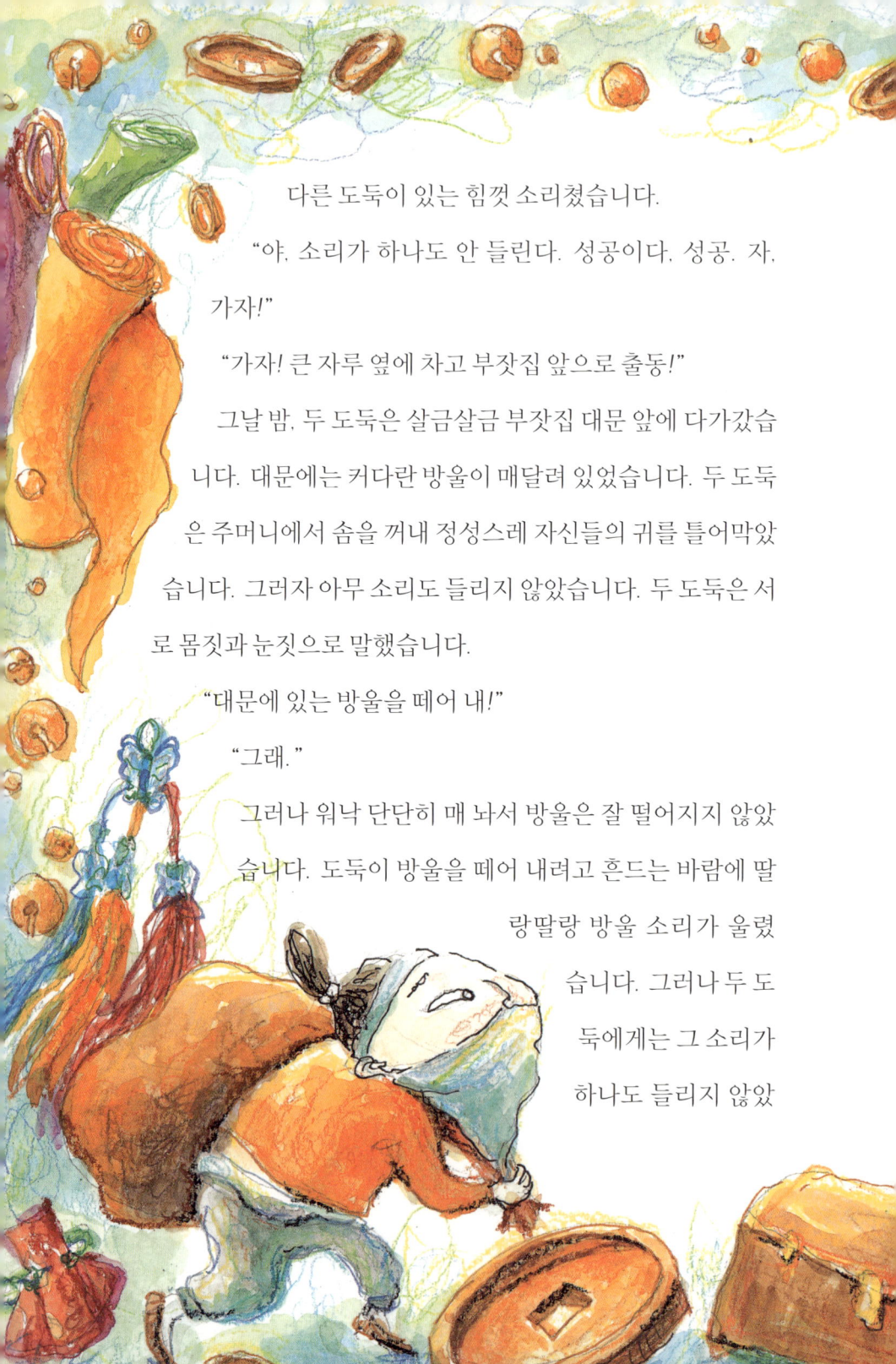

다른 도둑이 있는 힘껏 소리쳤습니다.

"야, 소리가 하나도 안 들린다. 성공이다. 성공. 자, 가자!"

"가자! 큰 자루 옆에 차고 부잣집 앞으로 출동!"

그날 밤, 두 도둑은 살금살금 부잣집 대문 앞에 다가갔습니다. 대문에는 커다란 방울이 매달려 있었습니다. 두 도둑은 주머니에서 솜을 꺼내 정성스레 자신들의 귀를 틀어막았습니다. 그러자 아무 소리도 들리지 않았습니다. 두 도둑은 서로 몸짓과 눈짓으로 말했습니다.

"대문에 있는 방울을 떼어 내!"

"그래."

그러나 워낙 단단히 매 놔서 방울은 잘 떨어지지 않았습니다. 도둑이 방울을 떼어 내려고 흔드는 바람에 딸랑딸랑 방울 소리가 울렸습니다. 그러나 두 도둑에게는 그 소리가 하나도 들리지 않았

습니다. 겨우겨우 방울을 떼어 냈습니다.

"성공이다. 성공. 소리가 하나도 들리지 않는데!"

"하하하! 이렇게 간단한 방법이 있는데 그동안 괜히 겁먹었네."

두 도둑은 대문을 열고 안으로 들어가며 크게 웃었습니다. 두 도둑의 귀에는 웃음소리도 들리지 않았습니다.

두 도둑은 창고를 열고 큰 자루에 값비싼 보석과 곡식을 담기 시작했습니다. 방에 들어가 장롱도 뒤졌고, 부엌 찬장도 뒤졌습니다. 흥얼흥얼 콧노래까지 불러 가며 한 자루 가득 담았습니다.

"자. 이제 그만 가자. 이 자루 메고 가기도 힘들겠다."

한 도둑이 말했습니다.

"그래. 이 정도면 더 이상 도둑질 안 해도 평생 먹고살겠다. 어서 가자."

옆에 있던 다른 도둑이 말했습니다.

"이 좋은 방법을 왜 여태 안 써먹고 고생했을까? 다음부터는 도둑질할 때 꼭 귀를 막고 하자."

그러나 두 도둑 뒤에는 아까부터 부자가 커다란 몽둥이를 들고 서 있었습니다. 두 도둑이 귀를 막고 있어서 부자가 소리치며 달려온 것도 못 들은 것입니다.

"아이쿠, 머리야!"

부자가 내리친 몽둥이를 맞은 한 도둑이 소리쳤습니다.

"아니, 어떻게 주인이 알고 나왔을까?"

다른 도둑도 몽둥이로 얻어맞고 멍한 얼굴이었습니다.

"이 도둑놈들아, 간이 커도 분수가 있지. 웃고 떠들며 도둑질하는 놈들이 어디 있냐?"

두 도둑은 서로 멀뚱멀뚱 쳐다보기만 했습니다.

부자는 두 도둑 귀에서 솜을 빼냈습니다.

"야, 이 녀석들아, 네놈들 귀만 막는다고 소리가 안 나냐!"

그래서 어리석은 두 도둑처럼 얕은꾀를 써서 남을 속이려고 할 때 '귀 막고 방울 도둑질한다.'는 말을 하게 되었답니다.

귀신이 곡할 노릇

옛날 어느 마을에 가난하지만 다정한 부부가 살았습니다.

그 부부에게는 걱정거리가 하나 있었으니, 혼인한 지 3년이 되었는데도 아이가 없었습니다.

하루는 일을 끝내고 돌아온 남편이 한숨을 쉬며 말했습니다.

"우리에게는 언제 아기가 생기려나……."

"너무 걱정하지 마세요. 삼신할머니께 정성으로 빌면 우리에게도 귀여운 아이를 점지해 주실 거예요."

부인은 다음 날부터 하루도 빠짐없이 삼각산에 올라가 정화수를 떠 놓고 삼신할머니에게 빌었습니다.

"비나이다. 비나이다. 삼신할머니께 비나이다. 저희에게 예쁘고 튼튼한 아이를 점지해 주세요."

그러던 어느 날, 부인은 삼신할머니에게 정성으로 빌다가 깜박 잠이 들었습니다. 그런데 꿈속에서 삼신할머니가 나타났습니다.

"네 정성이 하도 갸륵해서 약초를 줄 테니, 캐어 먹고 집으로 돌아가라! 돌아갈 때는 절대로 뒤를 돌아보지 마라. 만약 돌아보면 약효가 사라지느니라."

삼신할머니는 파란 실과 빨간 실을 한 손에 쥐고 흔들며 하얀 연기 속으로 사라졌습니다.

깜짝 놀라 잠이 깬 부인은 꿈속에서 본 대로 찾아가 보았습니다. 그곳에는 정말로 약초가 있었습니다. 부인은 약초를 얼른 뽑아 먹고 집으로 내려왔습니다.

열 달 뒤에 부인은 건강하고 잘생긴 아들을 낳았습니다. 부부는 아이 키우는 재미에 푹 빠져서 세월 가는 줄도

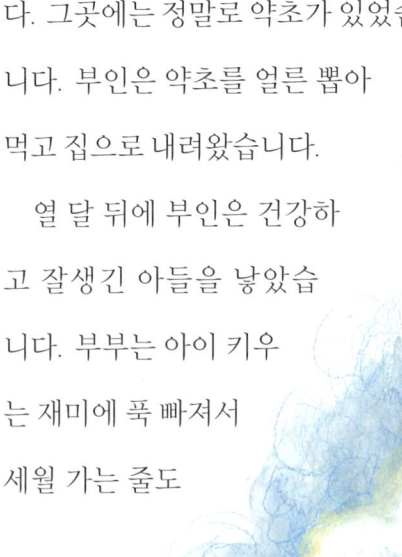

몰랐습니다. 어느덧 아이는 여덟 살이 되었습니다.

"애야. 이제 너도 공부를 해야 한다. 오늘부터 서당에 나가도록 해라."

그러나 서당을 3년씩이나 다녀도 아이는 제 이름 하나 변변히 쓸 줄 몰랐습니다. 날마다 활을 들고 산으로 들로 사냥만 다녔습니다. 회초리로 종아리를 때려도 여전했습니다.

그렇게 세월이 흘러갔습니다. 어엿한 젊은이가 된 아들이 어느 날 아버지에게 말했습니다.

"아버님. 이제 제 나이도 스무 살이 되었으니 과거를 보러 가겠습니다. 허락해 주십시오."

"아직 네 글솜씨가 사람들의 웃음거리밖에 안 되는데 어찌 과거를 보러 가겠다는 것이냐. 공부를 더 해라."

그러나 아들은 장수가 되는 무과 시험을 치르겠다고 졸랐습니다. 아들이 계속 고집을 부리자 아버지는 집에 있는 돈을 모두 털어 과거 보러 갈 노잣돈과 활을 마련해 주었습니다.

"아버님 어머님. 과거에 꼭 급제하여 돌아오겠습니다."

"조심해서 다녀오거라."

어머니는 아들이 걱정되어 동구 밖까지 배웅을 나왔습니다.

마을을 벗어나 한참을 걷던 젊은이는 산속에서 날이 저물자 눈앞이 캄캄해졌습니다.

"이거 참 큰일 났네. 어디서 하룻밤을 쉬어 간담."

젊은이는 당황해서 산속을 이리저리 헤맸습니다. 그때, 멀리서 반짝이는 불빛이 보였습니다.

'옳지. 저기서 하룻밤 신세를 져야겠다.'

젊은이는 불빛이 새어 나오는 집을 향해 나아갔습니다.

"여보세요. 아무도 안 계십니까?"

집 앞에 도착한 젊은이는 큰 소리로 말했습니다.

"누구세요?"

한참 만에 키가 크고 예쁜 처녀가 나왔습니다.

"저는 한양에 과거 보러 가는 선비인데, 날이 어두워 더 갈 수가 없습니다. 하룻밤 묵어갈 수 없을까요?"

처녀는 젊은이를 훑어보며 잠시 머뭇거리다가 문을 열어 주었습니다.

"집이 누추하지만 들어오세요."

젊은이는 처녀 뒤를 따라 들어가 집주인인 처녀 아버지에게 인사를 했습니다.

"과거를 보러 가는 길인데 그만 날이 저물어 신세를 지게 됐습니다."

"아닙니다. 어려운 일이 있을 때 서로 돕는 것이 도리지요. 누추하지만 편히 쉬다 가세요."

처녀 아버지는 젊은이를 보자마자 한눈에 마음에 들었습니다. 그래서 젊은이를 잘 꾀어 사위로 삼아야겠다고 생각했습니다. 딸이 혼인할 나이가 되었는데도 마땅한 청년이 없어 고민을 하고 있었던 것입니다.

"얘야. 네가 저 젊은이를 잘 모셔라."

처녀 아버지는 일부러 딸에게 시중을 들게 했습니다. 딸도 젊은이가 마음에 든 터라 속으로 기뻐했습니다.

"저. 계세요?"

처녀는 젊은이가 있는 방문 밖에서 나직이 불렀습니다.

"네. 말씀하세요."

"여기 문밖에 세숫물을 떠 놓았습니다."

처녀는 생글생글 웃으며 저녁상도 들고 들어왔습니다.

"가난한 시골이라 반찬은 없지만 맛있게 드세요."

그러나 젊은이는 처녀와 아버지의 대접이 부담스러웠습

니다.

저녁상을 물린 뒤 젊은이가 자리를 펴고 누우려 하는데, 문밖에서 처녀 아버지의 목소리가 들려왔습니다.

"젊은이, 주무시오?"

"아, 아닙니다."

"내가 할 이야기가 있어서 그런데 좀 들어가도 되겠소?"

젊은이는 급히 일어나 옷을 입었습니다.

"들어오십시오."

처녀 아버지는 문을 열고 들어와 젊은이 앞에 앉았습니다.

"올해 나이가 몇이시오?"

"스무 살입니다."

"내 보기에 아직 장가를 안 간 총각 같은데……."

"공부를 하다 보니 그만……. 과거에 급제하면 장가부터 들어서 늙으신 부모님께 그동안 못 한 효도를 해야지요."

"그래, 마음에 둔 처녀라도 있소?"

"아닙니다. 그런데 왜 그런 말씀을 하시는지요?"

"내가 이런 말을 하면 어찌 생각할지 모르겠지만, 젊은이가 하도 마음에 들어서 그렇소. 나에게는 딸이 하나 있다오."

"아. 아까 밥상을 들고 들어온 분 말씀이시군요."

"그렇소. 그런데 혼인할 나이가 다 되었는데 신랑감을 찾지 못했다오. 어렵겠지만 내 딸과 혼인하는 것이 어떻겠소?"

"오늘 처음 본 저를 어떻게 믿고 그런 말씀을 하십니까. 그리고 저는 과거에 급제할 때까지는 혼인할 마음이 없습니다."

처녀는 방문 앞에서 숨을 죽이며 아버지와 젊은이가 나누는 이야기를 엿듣고 있었습니다.

조금 뒤에 아버지가 나오는 소리가 들리자 처녀는 어둠 속에 숨어 있다가 젊은이 방에 들어갔습니다.

"주무셔야 할 것 같아서 이불을 펴 드리려고 왔습니다. 어머. 이건 활이네요. 무과 시험을 보러 가시나 봐요?"

"네. 그렇습니다. 이불은 제가 펴지요."

"아니에요. 제가 이불을 펴 드리고 나가겠습니다."

"아니, 그냥 두고 건너가세요. 제가 할 수 있습니다. 하루 종일 걸었더니 몹시 피곤해서 그만 쉬고 싶군요."

처녀는 더 있고 싶었으나 젊은이가 싫어하는 눈치라 나올 수밖에 없었습니다.

'이 집 사람들이 수상해. 잘못하면 붙잡혀서 과거도 못 보게 될지 몰라. 정신 바짝 차려야지.'

젊은이는 그렇게 마음을 단단히 먹었습니다.

그런데 조금 뒤, 잠을 자다 목마를 때 마시라고 자리끼를 들고 처녀가 다시 들어왔습니다. 젊은이는 처녀가 방에 들어올 때마다 호통을 쳐서 내쫓았습니다.

처녀는 너무 속상했습니다. 자기 마음을 몰라주는 젊은이에게 분한 마음이 들어 견딜 수가 없었습니다. 자기가 너무 못나 젊은이에게 버림을 받았다고 생각했습니다.

다음 날 아침이 되었습니다. 젊은이는 일찍 일어나 떠날 채비를 하고 방문을 열고 나왔습니다. 그런데 문 앞에 무언가가 매달려 흔들리고 있었습니다.

"아니, 이게 뭐야!"

젊은이가 묵은 방의 문 앞에 처녀가 목을 매고 죽어 있었습니다.

그때, 처녀의 아버지가 뛰어나왔습니다.

"아이고, 이것아, 좀 더 기다리지……."

젊은이는 너무 놀라 뒤도 안 돌아보고 도망쳤습니다.

한양에 도착한 젊은이는 무과 시험 장소로 갔습니다. 시험은 활 다섯 발을 과녁에 모두 명중시키는 것이었습니다.

젊은이는 자신만만하게 활을 쏘았습니다. 세 발 모두 과녁 한가운데에 명중했습니다. 시험관과 구경꾼들은 젊은이의 솜씨에 놀라 입을 다물 줄을 몰랐습니다.

그런데 네 발째를 쏠 때였습니다. 어디선가 회오리바람이 불어와 화살이 중간에서 꺾였습니다. 다섯 발째 화살은 엉뚱한 방향으로 날아갔습니다.

젊은이는 이상하다고 생각했지만 어쩔 수 없이 낙방하고 말았습니다. 그 뒤로도 3년 동안 과거를 볼 때마다 네 발과 다섯 발째에는 회오리바람이 불어와 방해를 하는 바람에 번번이 시험에 떨어지고 말았습니다.

그러던 어느 날, 젊은이는 용하다는 점쟁이를 찾아갔습

니다. 점쟁이는 죽은 처녀의 귀신이 훼방을 놓고 있다고 말했습니다.

어느덧 서른 살이 된 젊은이는 이번이 마지막이라고 생각하고 과거를 보러 갔습니다.

젊은이는 세 번째 화살을 명중시키고 네 번째 활을 쏘려다가 너무 속상해서 울음을 터뜨리고 말았습니다. 그때 마침 시험장에 와 있던 임금이 그 까닭을 묻자 젊은이는 처녀 이야기를 했습니다.

이야기를 다 듣고 곰곰이 생각에 잠긴 임금은 젊은이가 지금까지 명중시킨 세 발을 뽑고 다시 두 발을 쏘게 했습니다. 젊은이가 두 발을 다시 쏘니 두 발 모두 명중이었습니다. 아까 세 발 명중시킨 것과 이번 두 발을 합하니 다섯 발을 명중시킨 것이 되었습니다.

그때 갑자기 하늘이 깜깜해지면서 요란한 울음소리가 들려왔습니다.

"으흐흐흑. 아이고. 원통해라. 내가 임금님 꾀에 넘어가다니. 흑흑."

그러고는 처녀 귀신이 도망을 쳤습니다.

젊은이는 아주 좋은 성적으로 과거에 급제했습니다.

이때부터 신기한 꾀를 내거나 감쪽같은 일이 일어나면 '귀신이 곡할 노릇'이란 말을 하게 되었답니다.

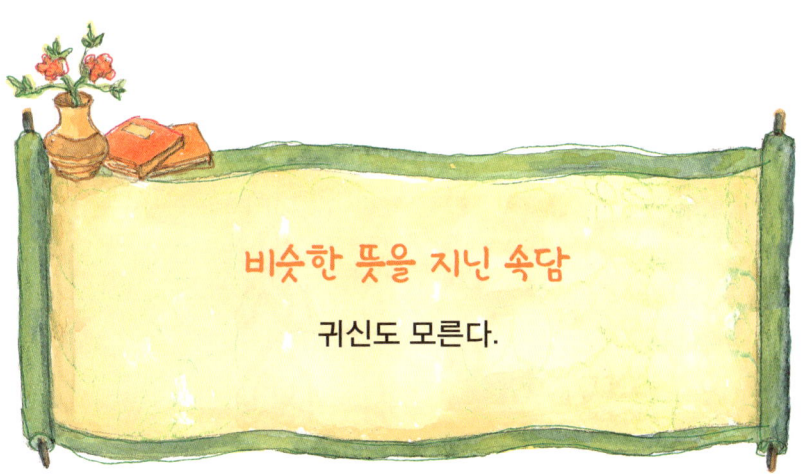

비슷한 뜻을 지닌 속담

귀신도 모른다.

대학을 가르칠라

옛날 어느 마을에 농사를 짓고 사는 젊은이가 있었습니다.

해가 불덩이처럼 뜨겁게 타오르는 어느 여름날, 젊은이는 땀을 뻘뻘 흘리며 밭을 갈고 있었습니다. 그날따라 땡볕이 내리쬐자 더위를 참기 힘들어진 젊은이는 일하기가 싫었습니다. 마음 같아서는 당장이라도 시원한 물속에 풍덩 뛰어들고 싶었습니다.

"에이, 이놈의 농사, 더러워서 못 해 먹겠다!"

밭을 갈던 젊은이는 쟁기를 던져 놓고 나무 그늘에 털썩 주저앉았습니다.

'좀 편하게 살 수는 없을까?'

이런저런 생각을 하던 젊은이는 벌렁 누워 자기 신세를 한탄했습니다.

"이 세상에서 가장 편한 건 저 나무에 앉아서 노래하는 매미일 거야. 매미처럼 날마다 시원한 곳에 앉아서 노래만 하는 사람이 있을까?"

그러다가 젊은이는 벌떡 일어나 앉았습니다.

"맞아. 날마다 시원한 곳에 앉아서 노래하는 매미 같은 사람은 바로 정자에 앉아 글을 읽는 학생들이야. 그래. 글을 배우자. 시원한 정자에서 책을 읽고 시나 읊는 사람이 되자. 얼마나 편한 일인가!"

이렇게 마음먹은 젊은이는 한달음에 서당으로 달려갔습니다.

"글을 배우고 싶습니다."

시골에서 조무래기 아이들만 모아 놓고 글을 가르치던 훈장은 젊은이에게 《대학》이라는 책을 가르치기로 했습니다.

"먼저 옷을 정갈하게 갖춰 입게. 저고리에 두루마기를

입고 갓을 쓰고 오게나."

다음 날. 저고리 위에 두루마기를 걸쳐 입은 젊은이는 처음 입는 옷이라 너무 어색했습니다. 더구나 더운 여름철에 베잠방이나 홑무명 바지저고리만 입다가 격식대로 옷을 입으려니 여간 불편한 게 아니었습니다.

젊은이가 서당 문을 열어 보니 아이들이 모두 와 앉아 있었습니다.

"어서 들어와 앉아 책을 펴게."

"네. 그런데 꿇어앉아야 하나요?"

"글을 읽을 때는 자세를 바르게 해야 하네. 바른 자세에서 바른 생각이 나오기 때문이지. 명심하게."

"네. 잘 알았습니다."

책을 펴고 한나절을 꿇어앉아 있으려니 젊은이는 머리가 지끈지끈, 오금이 찌릿찌릿, 다리가 막 저려 왔습니다.

"《대학》은 《사서삼경》 가운데 사서의 하나이니라. 따라 외거라."

젊은이는 그래도 뜨거운 땡볕 아래에서 밭을 가는 것보다는 백배 낫다고 생각하고 꾹 참았습니다.

"《대학》은 《사서삼경》 가운데 사서의 하나이니라. 따라 외거라."

젊은이는 훈장의 말이 떨어지기가 무섭게 그대로 읊었습니다.

"하하하!"

젊은이의 바보 같은 행동에 아이들이 큰 소리로 웃었습니다.

'으이그. 이것도 못 할 짓이구나!'

젊은이는 늘 밭을 갈다가 갑자기 아무것도 안 하고 앉아 있으려니 좀이 쑤셨습니다. 그러다가 몇 시간도 안 돼서 그만 졸기 시작했습니다.

탁! 탁!

훈장이 담뱃대로 책을 내리쳤습니다. 젊은이는 깜짝 놀라 눈을 떴습니다.

"존 사람은 이리 나오너라!"

그러자 모두의 눈길이 젊은이에게 쏠렸습니다. 젊은이는 훈장 앞으로 나갔습니다.

"종아리를 걷어라!"

젊은이는 종아리를 걷고 눈을 질끈 감았습니다.

딱!

"하나요."

훈장이 담뱃대로 젊은이의 종아리를 때리며 숫자를 헤아렸습니다.

"……."

"뭐 하느냐. 매 숫자를 세거라."

어린아이들은 나이 들어 수염이 거뭇거뭇 난 젊은이가 매 맞는 모습을 보고 키득키득 웃었습니다.

그런데 갑자기 매를 맞고 있던 젊은이가 홱 돌아섰습니다.

"아이고. 이 짓도 더러워서 못 해 먹겠다."

젊은이는 옷을 훌훌 벗어 버리고 서당을 뛰쳐나왔습니다.

"우아. 정말 시원하다! 이리 옭매고 저리 옭매는 옷은 또 어떻고……. 종일 꿇어앉아 《대학》이네 《사서삼경》이네 하는 쓸데없는 거나 읊고 있다니."

다시 밭에 나간 젊은이는 쟁기를 들고 밭을 갈기 시작했습니다.

소가 말을 듣지 않고 딴전을 피울 때면 젊은이는 소의 볼기짝을 후려치며 이렇게 소리쳤습니다.

"이놈의 소. 《대학》을 가르칠까 보다!"

소에게 더 힘든 일을 시키겠다고 으름장을 놓는 것이었지요.

이때부터 어리석은 사람의 말을 비꼬아 이야기할 때 '《대학》을 가르칠라.'라고 했답니다.

독장수 구구

옛날 어느 마을에 독을 만들어 파는 독장수가 있었습니다. 예전에는 간장이나 된장을 담거나 곡식을 보관할 때, 또는 술을 담글 때 독을 많이 썼습니다. 어느 마을에서는 독을 무덤으로 쓰기도 했습니다.

독은 잘만 팔면 큰 부자가 될 수 있었지만, 워낙 크고 무거워서 많이 갖고 다니지 못했습니다.

하루는 독장수가 지게에 큰 독 세 개를 지고 독을 팔러 나섰습니다.

그러나 온종일 지고 다녀도 독은 팔리지 않고 어깨만 빠지도록 아팠습니다. 땀이 목덜미를 타고 내려 등줄기를 적셨습니다.

"아이고. 어깨야. 어째 오늘은 독 사는 사람이 하나도 없네."

독장수는 고갯길을 힘겹게 올랐습니다. 숨을 헐떡거리며 높은 고개턱을 겨우 올라왔습니다. 혹여라도 몸을 잘못 가누면 독이 굴러떨어져 산산조각이 나고 맙니다. 독장수는 너무 힘들어 눈앞이 핑핑 돌 지경이었습니다.

"아이고. 저 나무 밑에서 좀 쉬어 가야겠다."

고개를 다 오른 독장수는 나무 그늘 밑에다 지겟작대기로 지게를 받쳐 세워 놓았습니다. 지게를 내려놓자 어깨가 없는 것처럼 홀가분했습니다. 독장수는 허리춤에 찼던 수건을 꺼내 이마와 얼굴의 땀을 닦았습니다.

"아, 이제 살 것 같다. 아이고, 그놈의 고개 오지기도 해라."

독장수는 지게 옆에 벌렁 누웠습니다.

"야, 정말 시원하구나. 저 독 둘은 팔아 빚을 갚는 데 쓰고, 나머지 독을 팔면 다른 독 두 개는 살 수 있겠지? 그 독 둘을 다시 팔면 독 네 개를 살 수 있고, 넷을 팔면 가만있자…… 이 이는 사, 이 사 팔. 그래 여덟 개를 살 수 있구나. 그 다음에 여덟 개를 팔면, 가만있자……."

독장수는 계산을 해 보다가 눈이 휘둥그레졌습니다.

"야, 이러다 얼마 안 가 천만 개의 독이 되겠는걸. 그럼 그 돈으로 논과 밭을 사는 거야. 그리고 남은 돈으로는 고래 등 같은 기와집을 지어야지. 나는 부자다, 부자! 부자들은 첩이 있지. 그래, 첩을 두는 거야. 아내 몰래 첩을 두고 하루는 아내한테 가서 자고, 하루는 첩한테 가서 잘 테야. 이히히, 정말 재미있고 행복하겠네!"

독장수는 너무 기쁜 나머지 팔을 번쩍 들었습니다. 그러다가 얼떨결에 옆에 지게를 받치고 있던 지겟작대기를 팔로 밀어 버렸습니다. 지게는 기우뚱하더니 옆으로 팍 쓰러졌습니다. 지게 위에 있던 독들도 와장창 깨지고 말았습니다.

"아이고. 망했다. 이걸 어쩐다?"

독장수는 눈물을 뚝뚝 흘리며 박살 난 독 조각들을 쓰다듬었습니다.

옛날부터 실속 없이 허황된 것을 궁리하고 미리 셈해 보는 것을 가리켜 '독장수 구구'라고 합니다.

비슷한 뜻을 지닌 속담

독장수 경륜
독장수 구구는 독만 깨뜨린다.
독장수 셈

며느리가 미우면 발뒤축이 달걀 같다고 나무란다

옛날 어느 마을에 부잣집이 있었습니다. 그 집에는 아들이 둘 있었는데. 첫째 아들은 장가를 갔지만 둘째 아들은 아직 총각이었습니다. 그래서 장가를 보내려고 하는데. 시집오겠다는 처녀가 없었습니다. 집은 잘살지만 그 집 시어머니 될 사람이 여간 지독한 사람이 아니라는 소문이 났기 때문입니다.

시어머니 될 사람도 갓 시집와서는 자기 시어머니에게 엄청난 시집살이를 당했답니다. 그래서 자기가 당한 만큼 며느리에게 시집살이를 지독하게 시키려고 벼르고 있다는 소문이었습니다.

이웃 마을에 아주 가난한 집이 있었습니다. 그 집에는 혼인할 나이가 된 처녀가 있었는데. 그 처녀가 부잣집에 시집을 가겠다고 나섰습니다.

"제가 그 집에 시집가겠습니다."

"안 된다. 그 댁 시어머니 될 사람의 성격을 몰라서 그러느냐?"

아버지가 단호하게 말했습니다.

"허락해 주세요."

"우리가 아무리 없이 산다 해도 어찌 너를 그런 집에 보내겠느냐? 당치 않은 소리다."

"예의 바르게 지켜야 할 도리를 다하겠습니다. 허락해 주십시오."

아버지가 절대로 안 된다며 등을 돌리자. 처녀는 그날부터 몸져누웠습니다.

"안 되겠다. 이러다간 애 다 죽이겠다. 어서 중매쟁이를 보내라."

그렇게 해서 처녀는 부잣집 둘째 아들과 혼인을 하게 되었습니다.

"얘야. 여자는 혼인을 하면 그 집 귀신이 되어야 하느니라."

어머니는 시집 갈 딸을 앉혀 놓고 여러 가지 이야기를 해 주었습니다.
"예로부터 시집살이를 할 때 귀머거리 삼 년, 벙어리 삼 년, 눈먼 봉사 삼 년이 되어야 한다고 했단다. 무슨 일이든 꾹 참고 잘 견뎌야 한다."
"네, 잘 새겨듣겠습니다."

처녀는 혼인을 한 뒤 부잣집에 들어와 시집살이를 시작했는데, 어찌나 시집살이가 심한지 옆에 있는 사람이 눈 뜨고 못 볼 정도였습니다.

시어머니는 며느리에게 여름에는 더운물 내오라 하고, 겨울에는 찬물 내오라 했습니다. 숭늉 끓여 가면 맹물 달라 하고, 맹물 들고 가면 숭늉을 달라고 했습니다.

그래도 둘째 며느리는 꾹 참고 시어머니가 시키는 대로 모든 일을 했습니다. 그리고 일도 야무지게 잘해서, 시어머니가 흉을 보려 해도 더 이상 흉볼 게 없었습니다.

시어머니는 화가 났습니다. 어떻게 하든지 며느리를 골탕 먹이고 싶었습니다.

'네가 아무리 잘하려고 해도 사람에게는 흠이 있는 법이다. 어디 두고 보자.'

그러던 어느 날, 툇마루에 앉아 있던 시어머니는 며느리가 물동이를 이고 우물가에 물 길러 가는 걸 보았답니다.

'그래, 바로 저거야!'

시어머니는 물동이를 이고 가는 며느리의 등에 대고 소리쳤습니다.

"아니, 저년 발뒤축이 꼭 달걀 같구먼!"

'며느리가 미우면 발뒤축이 달걀 같다고 나무란다.'라는 속담은 이렇게 해서 생겼답니다. 이 말은 흠잡을 것이 전혀 없는데도 공연히 트집을 잡아 억지로 허물을 지어낸다는 뜻입니다.

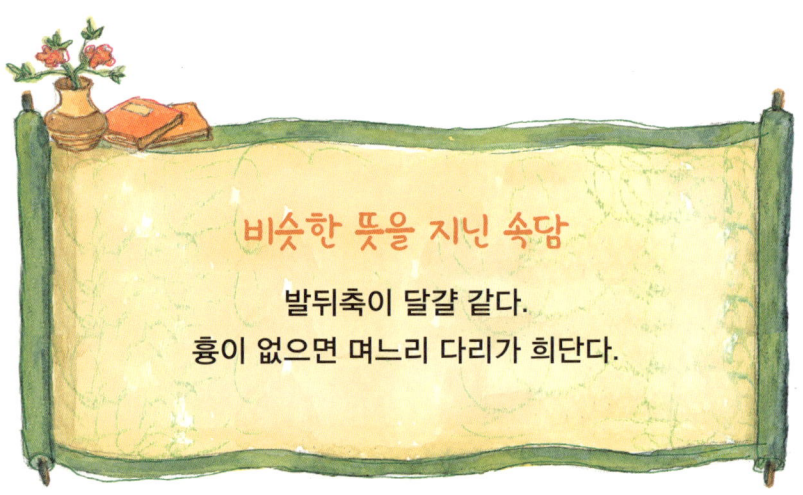

비슷한 뜻을 지닌 속담

발뒤축이 달걀 같다.
흉이 없으면 며느리 다리가 희단다.

꿩 구워 먹은 자리

옛날 충청도 산골에 아주 가난한 부부가 살았습니다. 부부는 품을 팔고, 산을 일구어 옥수수도 심어서 겨우겨우 끼니를 때우고 살았습니다.

그러나 겨울이 되면 그것마저도 없어서 굶기가 일쑤였습니다. 그래서 겨울이 되면 남편은 아내 몰래 산으로 꿩을 잡으러 갔습니다.

추운 겨울이 되어 먹을 것이 다 떨어져 가는 어느 날이었습니다. 남편은 그날도 산으로 꿩을 잡으러 갔습니다.

"어이, 춥다. 웬 놈의 날씨가 이리 추워."

남편이 손을 호호 불며 들어왔습니다.

"하루 종일 어디 갔다 오시우?"

"아, 아무것도 아냐. 바람 좀 쐬고 왔지, 뭐."

남편은 산에서 잡아 온 꿩을 부엌 나뭇더미에 감추고 시치미를 뗐습니다.

밤이 깊어 아내가 잠들자, 남편은 몰래 부엌으로 가서 꿩을 혼자 구워 먹었습니다.

아내는 남편이 몰래 꿩을 구워 먹는다는 것을 알았지만 모른 척하고 있었습니다.

'꿩을 잡아 같이 나눠 먹어도 시원치 않은데 몰래 혼자 먹다니. 어디 두고 보자.'

아내는 남편을 한번 단단히 골탕 먹이기로 마음먹었습니다.

어느 날 아침이었습니다. 남편은 이 날도 밥숟가락을 놓기 바쁘게 방문을 열고 나섰습니다.

"어딜 가시우?"

"응. 바람 좀 쐬려고. 겨울이라 방구석에만 있으니

좀이 쑤셔서 말이야."

아내가 묻자 남편은 쭈뼛쭈뼛하며 말했습니다.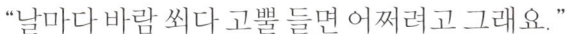

"날마다 바람 쐬다 고뿔 들면 어쩌려고 그래요."

"고뿔 들어도 내가 드니까 걱정하지 말게."

"아. 그러지 말고 사랑방에 앉아 봄에 쓸 새끼나 꽈 놓으세요."

"아따. 잔소리가 많네."

남편은 그러고 나간 뒤 점심 먹으러 들어오지도 않고 어둑어둑해질 때쯤 들어왔습니다. 남편은 또 꿩을 잡아다 부엌 나뭇더미에 감추었습니다.

"어. 춥다. 추워."

남편이 방문을 열고 들어오며 말했습니다.

"추우시죠? 여기 아랫목에 앉으세요."

아내가 사근사근하게 말했습니다.

"내일은 해가 서쪽에서 뜨겠구먼."

아내는 아무 대꾸 없이 빙긋빙긋 웃으며 문을 열고 나갔습니다.

"어딜 가오?"

"아, 뒷간 가지 어딜 가요?"

아내는 뒷간에 가는 척하며 나와서 부엌으로 들어갔습니다. 부엌 한쪽에 쌓아 놓은 나뭇더미 속에서 찾아낸 꿩을 다른 곳에 감춰 두고 들어온 아내는 잠을 자는 척했습니다.

얼마쯤 지나서 남편은 아내가 잠든 줄 알고 밖으로 나갔습니다. 남편은 부엌에서 나뭇더미 속을 뒤져 꿩을 찾았으나, 아무리 더듬어도 감춰 둔 꿩이 보이지 않았습니다.

'족제비가 물어 갔나? 분명히 여기다 감춰 뒀는데. 아냐, 족제비 짓이라면 털이라도 떨어져 있었을 거야.'

남편은 나뭇더미 앞에 앉아 곰곰이 생각하다가 아내를 의심하게 되었습니다.

그러나 그동안 아내 몰래 꿩을 구워 먹었기 때문에 자는 아내를 깨워 따질 수도 없었습니다.

"에이, 내일은 잘 감춰야지."

남편은 이튿날도 꿩을 잡아다 부엌 나뭇더미 깊숙이 감췄습니다. 그런데 그날 밤에도 꿩이 없어졌습니다.

남편은 꿩 구워 먹던 자리에 앉아서 맛있는 꿩고기를 생각하

며 입맛만 다셨습니다. 아내가 꿩을 감췄을 거라고 생각하자 속이 부글부글 끓었지만 어쩔 수 없었습니다.

"여보. 캄캄한 데서 뭐 해요?"

자는 줄 알았던 아내가 부엌에 들어와 쭈그려 앉아 있는 남편에게 물었습니다.

"응. 아무것도 아냐. 배가 좀 아파서 그래."

"배가 아프면 소다 물을 타서 먹어야지요."

그 시절에는 약이 변변치 않아서 배가 아프면 소다를 물에 타서 마셨습니다.

"괜찮아지겠지."

"흥. 배가 아프긴 무슨 배가 아파요? 맛있는 꿩고기를 못 먹어 배가 아프겠죠. 꿩 구워 먹던 자리에 앉아 입맛만 다신다고 배가 나아요?"

부인이 톡 쏘아붙였습니다.

"미, 미안해."

남편은 창피해서 쥐구멍이라도 있으면 들어가고 싶은 마음이었습니다.

이때부터 무슨 일을 하고 난 뒤 깨끗하게 비워져 흔적도 남아 있지 않을 때를 일컬어 '꿩 구워 먹은 자리'라고 말하게 되었답니다.

혹 떼러 갔다 혹 붙여 온다

옛날 어느 고을에 김 영감이 살았습니다. 김 영감은 아주 가난해서 아침 먹으면 점심 걱정, 점심 먹으면 저녁 걱정을 해야 했습니다. 게다가 왼쪽 귀밑에 주먹만 한 혹이 덜렁덜렁 매달려 있어서 모두들 혹부리 영감이라고 불렀습니다.

김 영감은 산에서 나무를 해다 장으로 지고 가서 팔아 먹고살았습니다.

어느 날, 김 영감이 산에 나무를 하러 갔다가 그만 날이 저물고 말았습니다. 캄캄한 산길을 더듬더듬 내려오는데, 앞으로 갈수록 길이 더 험하고 나무도 빽빽했습니다. 그때, 멀리서 깜박거리는 불빛이 보였습니다.

"살았다. 저기 가서 하룻밤 쉬어야지."

김 영감은 안도의 숨을 내쉬며 불빛을 따라갔습니다. 한참을 가니 깊은 산속에 으리으리한 기와집이 한 채 있었습니다.

"아니, 이 산속에 웬 기와집일까? 여보세요, 누구 안 계세요?"

김 영감은 아무리 불러도 대답이 없자 문고리를 잡아당겨 보았습니다. 문이 스르르 열렸습니다.

'이 큰 집에 아무도 없나?'

김 영감은 주위를 두리번거렸습니다.

그런데 집 마당 한가운데 모닥불이 피워져 있고, 방 안에는 맛있는 음식이 한 상 가득 차려 있었습니다.

"야, 진수성찬이구먼."

김 영감은 배가 고팠던 터라 정신없이 음식을 먹었습니다. 신기하게도 음식은 아무리 먹어도 줄지 않았습니다.

그때, 대문 쪽에서 우당탕퉁탕 왁자지껄하는 소리가 들렸습니다.

김 영감은 급한 김에 얼른 서까래 위로 올라갔습니다. 옛날 집은 큰 나무로 지붕을 떠받치게 지었는데, 그 나무가 바로

서까래입니다.

대문을 열고 나타난 것은 무시무시한 도깨비들이었습니다. 열댓 명쯤 되는 도깨비들이 도깨비 방망이를 둘러메고 들어와 모닥불 가에서 덩실덩실 춤을 추었습니다.

김 영감은 도깨비들이 신나게 춤을 추자 덩달아 신이 나서 노래를 불렀습니다. 도깨비들은 더욱 신명나게 춤을 추었습니다.

"아니. 이게 웬 노랫소리야. 거, 기가 막히는데!"

신나게 춤을 추던 도깨비 하나가 우뚝 멈춰 서서 귀를 기울였습니다. 김 영감은 그것도 모르고 흥에 겨워 계속 노래를 불렀습니다.

"노랫소리가 지붕 밑에서 나는데?"

한 도깨비가 말했습니다.

"네 이놈. 당장 내려오너라!"

도깨비 대장의 고함 소리에 김 영감은 깜짝 놀라 서까래에서 뚝 떨어졌습니다.

"제발 목숨만 살려 주십시오."

김 영감은 부들부들 떨며 말했습니다.

"네가 노래를 불렀느냐?"

도깨비 대장이 물었습니다.

"네. 네. 죽을 죄를 지었습니다."

"노래를 무척 잘하던데. 다시 한 번 부를 수 있겠느냐?"

김 영감은 무섭고 떨렸지만 있는 힘을 다해 노래를 불렀습니다.

"그런데 넌 그 좋은 노래가 어디서 나오느냐?"

노래를 듣고 난 도깨비 대장이 김 영감에게 물었습니다.

"네. 저는 남들에게 없는 혹이 하나 있지요. 이 혹에서 노래가 나옵니다."

김 영감은 대충 얼버무렸습니다.

"그래. 혹 한번 예쁘게 잘생겼다. 그 혹을 내게 팔아라."

"안 됩니다. 전 이 혹이 없으면 죽습니다."

김 영감이 엄살을 부렸습니다.

"금은보화를 많이 줄 테니 팔아라."

도깨비 대장은 애가 탔습니다.

"도깨비님이 그렇게 사정하시니. 아깝지만 팔겠습니다."

"야. 이것만 있으면 밤마다 즐겁게 놀 수 있겠구나. 고맙다."

도깨비 대장은 김 영감의 혹을 떼어 내어 자기 귀밑에 붙였습니다.

도깨비들이 사라지자 김 영감은 그곳에서 잠을 잤습니다. 아침에 깨어 보니 고래 등 같은 기와집은 없어지고, 옆에는 금은보화가 가득 든 지게가 놓여 있었습니다. 김 영감은 지게를 지고 마을에 내려와 잔치를 벌였습니다.

김 영감의 이야기를 전해 들은 이웃 마을 최 부자가 달려왔습니다. 최 부자도 김 영감처럼 귀밑에 혹이 달려 있었지요.

"여보게, 김 영감. 혹이 없으니 정말 멋있구면."

그러나 최 부자는 혹보다 금은보화에 더 욕심이 났습니다.

"자네 어디서 혹을 뗐나? 나도 이 혹 좀 떼어 보세."

김 영감은 산에 나무하러 갔다가 도깨비를 만난 이야기를 자세히 들려주었습니다.

최 부자는 그날 당장 지게를 지고 산에 올라갔습니다. 나무를 하는 척하며 날이 저물기를 기다린 최 부자는 어둑어둑해지자 산길을 내려왔습니다. 얼마쯤 가니 정말 기와집이 있었습니다.

최 부자는 집 안으로 들어갔습니다. 그리고 김 영감이 말한

대로 서까래에 올라가서 목청껏 노래를 부르기 시작했습니다.

한참 노래를 부르고 있는데 도깨비들이 잔뜩 몰려왔습니다. 최 부자는 속으로 즐거운 비명을 질렀습니다.

'옳지. 됐다. 이제 나도 혹도 떼고 금은보화도 얻어 가겠구나.'

"네 이놈. 당장 내려오너라!"

최 부자는 도깨비 대장의 고함 소리를 듣고 서까래에서 훌쩍 뛰어내렸습니다.

"네가 노래를 불렀느냐?"

도깨비 대장이 말했습니다.

"네. 여기 저 말고 또 누가 있습니까? 제가 불렀습니다. 이 혹에서 노래가 술술 나오지요."

최 부자는 혹을 덜렁덜렁 흔들며 자랑스럽게 말했습니다.

"뭐. 그 혹에서 노래가 나온다고? 며칠 전에 어떤 녀석이 혹에서 노래가 나온다기에 속아서 샀는데. 또 혹을 갖고 왔어? 네 이놈. 이 혹마저 달고 가거라."

도깨비 대장은 최 부자 오른쪽 귀밑에 혹을 하나 더 달아 주었습니다.

"아이고. 이 일을 어째. 혹 떼러 왔다가 혹을 하나 더 달고 가다니!"

이익을 얻으러 갔다가 오히려 손해를 볼 때 '혹 떼러 갔다 혹 붙여 온다.'라는 말을 하지요? 이 속담은 이런 재미있는 이야기에서 생겼답니다.

청기와 장수

옛날 고려 때 이야기입니다.

어느 고을에 항아리를 만들어 파는 이 서방이 살았습니다. 이 서방은 항아리를 만들어 지게에 지고 여러 마을을 돌아다녔습니다.

"독 사시오. 항아리 사시오."

하지만 하루 종일 걸어 다녀도 겨우 항아리 하나를 팔까 말까 했습니다. 게다가 항아리가 무겁고 커서 많이 가지고 다닐 수도 없습니다.

어느 날. 항아리를 가득 지고 고갯길을 올라온 이 서방은 큰 나무 밑 그늘에 앉아 땀을 닦았습니다.

"아이고. 아무리 걸어 다녀도 내 팔자는 요 모양 요 꼴이구나."

이 서방은 자기 신세를 한탄하다가 깜박 잠이 들었습니다. 그런데 어디선가 하얀 수염이 길게 늘어진 할아버지가 흰 도포 자락을 휘날리며 다가왔습니다.

"여보게. 젊은이. 무슨 걱정이 그리 많은가?"

"노인장은 누구십니까?"

이 서방이 말했습니다.

"난 이 산을 지키는 산신령이다. 네 한숨 소리가 너무 커서 내 단잠을 깨웠느니라."

"아이고. 죄송합니다요. 세상살이가 너무 고달파서 저도 모르는 사이에 한숨이 터져 나왔나 봅니다."

"너는 어디 사는 누구인고?"

산신령이 다정하게 말했습니다.

"네. 저는 물 좋고 흙 좋은 이천 땅에 사는 이 서방이라고 합니다. 저는 어릴 적부터 항아리를 만들어 팔고 있습니다. 몇 해 전에는 혼인도 했고요."

"그래서 어찌 되었느냐?"

"아무리 항아리를 만들어 팔아도 세끼 밥 먹고 살기가 힘이 듭니다. 돈 좀 벌면 더 이상 바랄 것이 없겠습니다."

이 서방이 한숨을 내쉬며 말했습니다.

"네가 가지고 있는 기술이 무엇이냐?"

"저는 흙을 개어 항아리를 만들 줄 압니다. 특별한 기술이랄

수는 없어도 제가 만든 항아리는 동글동글 모나지 않아 어디서 보나 예쁩니다."

"흙 다루는 기술이라. 옳지! 내 좋은 기술 하나 가르쳐 줄 테니 앞으로 잘살아 보거라."

"네. 어떤 기술입니까?"

이 서방은 산신령의 말에 귀가 쫑긋해졌습니다.

"동트기 전에 흙을 개어 사흘 동안 물에 가라앉힌 다음. 청기와를 만들어 팔아라. 청기와는 돈 많은 부자들이 살 테고. 아직 이 세상에는 청기와를 만드는 사람이 없으니. 부르는 게 값이 될 것이다."

산신령은 그 말을 마치고는 눈 깜짝할 사이에 사라졌습니다.

"산신령님! 산신령님!"

이 서방은 산신령을 소리쳐 부르다가 잠에서 깼습니다.

"아니. 꿈이었잖아. 꿈치고는 너무 생생한데."

집에 돌아온 이 서방은 산신령이 일러 준 대로 청기와를 만들었습니다.

그때까지 청기와는 여러 사람이 만들려고 노력했지만. 모두 실패했습니다. 중국에 가면 청기와 만드는 기술자가 있다는 소문이 나돌아 사람들이 너도나도 중국으로 가려고까지 했습니다.

이 서방은 청기와 만드는 일에 푹 빠져 집안 살림을 전혀 신경 쓰지 않았습니다. 쌀독에 쌀이 떨어지자 부인이 바가지를 긁었습니다.

"아니. 항아리는 안 만들고 날마다 웬 흙장난이에요."

"좀 기다리시오. 당신을 호강시켜 주리다."

이 서방은 여유를 부리며 부인에게 말했습니다.

"누가 호강하길 바란댔어요. 끼니는 거르지 말아야 할 것 아니에요. 하나밖에 없는 아들을 굶겨 죽이겠어요."

그러나 이 서방은 아무 대꾸 없이 청기와 만드는 일에만 몰두했습니다.

드디어 기와를 굽는 날이 되었습니다. 이 서방은 정성을 다해 산신령에게 고사를 지낸 뒤. 가마에 장작불을 지폈습니다.

이 서방이 청기와를 만든다는 소문이 온 마을에 퍼졌습니다.

"이 서방이 요샌 항아리 안 팔러 다니나?"

"이 서방이 청기와를 만든다고 들어앉았대!"

"아. 이름난 도공도 못 만들고 나가떨어졌는데. 이 서방이 무슨 수로 청기와를 만들어."

"끼니를 며칠 거르더니 정신이 어떻게 된 거 아냐?"

"하하하, 누가 아니래. 배를 곯더니 멀쩡한 사람이 바보 됐지 뭔가."

"송충이는 솔잎을 먹어야지. 항아리 만들다 말고 느닷없이 웬 청기와람."

마을 사람들은 모두 이 서방을 비웃었습니다.

그러나 이 서방은 마을 사람들의 말에 신경 쓰지 않고 정성을 다해 기와를 구웠습니다.

드디어 가마를 허무는 날이 되었습니다. 마을 사람들이 몰려왔습니다. 반은 호기심에, 반은 놀려 주려고 몰려든 것입니다. 가마에 들어간 이 서방이 기와를 들고 나왔습니다.

"으하하하, 해냈다! 청기와다!"

마을 사람들은 놀라서 입을 다물지 못했습니다.

"정말 청기와네! 저 사람 오랫동안 들어앉더니 드디어 해냈구먼."

"떼돈 벌게 생겼네. 쟁쟁한 가문에선 너도나도 청기와 집을 지을 게 아닌가. 이럴 줄 알았으면 놀리지 말고 옆에서 시중이

라도 들어 주는 건데."

　마을 사람들은 모두 후회했습니다.

　이 서방이 청기와를 만들어 냈다는 소문은 온 나라에 퍼져 갔습니다. 청기와는 만들기가 바쁘게 팔렸고, 몇 달치씩 주문이 밀렸습니다. 그리고 청기와 만드는 법을 배우려고 몰려드는 사람들로 이 서방 집 문 앞은 늘 북적북적했습니다.

"스승님으로 모시겠습니다. 여기서 시중들게 해 주십시오."

한 젊은이가 찾아와 이 서방 앞에 무릎을 꿇었습니다.

"돌아가시오!"

이 서방은 단호하게 말했습니다.

"여보게. 청기와 만드는 비법을 팔게나. 달라는 대로 돈을 주겠네. 어서 값을 부르게. 저 달구지 가득 돈을 실어 왔네."

"안 팝니다. 돌아가십시오."

"정말 지독하군. 아니. 청기와 만드는 비법을 자네 혼자만 알고 있으려고 그러나."

사람들은 이 서방을 어르고 달래며 청기와 만드는 방법을 알아내려 했으나 아무 소용이 없었습니다.

전에 이 서방을 놀리던 마을 사람들도 이 서방과 친해지려고 애를 썼습니다.

"어이. 이 서방. 날세. 갑돌이. 우리 주막에 가서 술 한잔 하세."

"술은 무슨 술! 지금 바쁘니 나중에 봄세."

이 서방은 청기와 만드는 방법을 아무에게도 가르쳐 주지 않았습니다. 하부는 부인과 아들이 청기와 굽는 가마로 이 서방을 찾아왔습니다.

"아버지. 저에게는 청기와 만드는 법을 가르쳐 주셔야지요?"

아들이 용기를 내서 말했습니다.

"아직 때가 아니다. 물러가라."

"하지만 여보. 아들에게는 가르쳐 줘야 대를 이어 비법을 전할 게 아니에요."

"그만 물러가래도!"

이 서방은 끝내 아들에게도 청기와 만드는 비법을 알려 주지 않았습니다.

그러다가 이 서방이 죽고 나자. 청기와 만드는 일은 거기서 대가 끊기고 말았습니다.

기술을 자기 혼자만 알고 가르쳐 주지 않는 사람을 가리켜 '청기와 장수' 같다고 하는 말은 이렇게 해서 생겨났답니다.

원두한이 사촌도 몰라본다

옛날 어느 마을에 같은 성을 가진 사람들이 모여 살았습니다. 마을 사람 모두가 같은 피붙이였던 것입니다.

이 마을은 대를 이어 농사를 짓고 살았습니다. 그래서 일손이 부족할 때면 서로 돕고, 마을에 큰일이 있으면 함께 모여 의논하고 해결했습니다. 모내기도 함께 하고 밭갈이도 같이 했습니다. 익은 곡식을 거두어들일 때면 마을이 잔칫날처럼 들떠서 흥이 절로 났습니다.

어느 해에 한 사람이 참외와 수박을 심고 정성 들여 농사를 지었습니다. 마을 사람들도 열심히 거들어 주면서 참외와 수박 농사가 잘되기를 빌었습니다.

"허허, 올여름에는 달고 시원한 참외와 수박을 먹겠는걸."

"그러게 말일세. 이번 여름에는 원두막에 올라가 수박을 쩍 쪼개 놓고 한번 놀아 보세."

"좋지! 우리 같은 농부야 팔월이 신선 아닌가?"

"그래, 봄에는 밭 갈고 씨 뿌리느라 정신없고, 가을에는 추수하느라 바쁘고, 겨울에는 새끼 꼬고 가마니 짜느라고 해 넘어가는 줄 모르니. 뭐니 뭐니 해도 여름이 우리 농부에게는 가장 한가하지."

"허허허, 벌써 군침이 도는걸."

참외와 수박 농사를 도우면서 마을 사람들이 한마디씩 했습니다.

참외와 수박은 맛있게 잘 여물어 갔습니다.

그리고 참외와 수박밭 가에 원두막이 세워졌습니다. 참외나 수박을 몰래 따 먹는 사람이 없나 살펴보고, 또 사려고 하는 사람이 있으면 팔아야 하니까요. 원두막은 길 가던 나그네가 잠시 쉬어 가는 곳이기도 했습니다.

그러던 어느 날이었습니다.

"여보게, 우리 원두막에 놀러 가세!"

원두막 주인의 사촌 형이 친구에게 말했습니다.

"그러세. 마침 심심하던 차에 잘됐네."

두 사람이 한창 푸르른 논밭을 지나 걸어가는데, 원두막이 가까워 오자 참외의 단 냄새가 은은히 풍겨 왔습니다.

"동생 있나?"

"아이고, 형님 아니십니까. 어서 올라오십시오."

원두막 주인이 두 사람을 반갑게 맞이했습니다.

"그래, 올해 과일 농사가 잘됐구먼."

"모두 형님과 마을 어른들께서 도와주신 덕분이죠. 헤헤헤."

"어디 잘 익은 참외와 수박 맛 좀 보세."

사촌 형이 말했습니다.

"아무렴요. 잘 익은 것으로 한 바구니 따 올리겠습니다."

사촌 동생은 바구니 가득 참외를 따 왔습니다. 수박도 한 덩이 큰 걸로 따서 시원한 물에 담갔다가 내왔습니다.

"자, 맛 좀 보세요."

사촌 동생이 말했습니다.

사촌 형은 수박 한 쪽을 받아 들고 한입 가득 베어 물었습니다. 수박은 입 안에서 사르르 녹았습니다.

"음, 정말 맛있군. 꿀수박이야!"

"겨우 두 쪽 먹었는데도 벌써 배가 부르구먼."

이웃 사람도 기분 좋은 목소리로 말했습니다.

"동생, 돈 좀 벌겠어. 하긴 어서 돈 벌어서 장가가야지. 허허허."

사촌 형이 하는 말에 사촌 동생은 얼굴을 붉히며 부끄러워했습니다.

"아이, 별말씀을요."

"그럼 고생하게. 다음에 또 보자고."

"가시게요? 좀 더 놀다 가시지 않고······. 저, 그런데 참외 값을 주셔야죠."

"아, 참외 값!"

두 사람은 당황했습니다. 설마 동생이 참외 값을 받으리라고는 생각도 못 했던 것입니다. 둘은 서로의 얼굴을 쳐다보았습니다.

"아니, 형님. 참외 값도 없이 과일을 드세요? 저는 뭐 흙 파먹고 살라는 얘기세요? 어른들이 너무하십니다. 도와주시지는 못할망정······."

"아니, 그게 아니라······. 내 다음에 줄게. 외상. 그래 외상이네!"

둘은 도망치듯 원두막을 내려왔습니다.

"참외 모종하고 김매 줄 때는 인심이 후하더니만. 참외가 익으니 참 박하네그려."

"말도 말게. '원두한이 사촌도 몰라본다.'더니. 그 말이 꼭 들어맞구먼."

원두한이란 원두막을 지키는 사람을 낮춰 부르는 말입니다.

원두막에서 참외와 수박을 파는 사람이 사촌이 와도 참외 하나 거저 주지 않고 이익을 따진다는 뜻으로 말한 '원두한이 사촌도 몰라본다.'라는 속담은 이렇게 해서 널리 쓰였답니다.

송도 말년의 불가사리라

고려가 망하기 몇 년 전. 고려의 수도인 송도에 이상한 벌레가 나타나서 한바탕 소동이 일어났습니다.

어느 무더운 여름날. 한 아낙이 바느질을 하고 있었습니다. 남편이 일찍 죽고 형편이 어려워진 아낙은 삯바느질로 생활을 꾸려 나가고 있었습니다.

"원. 더위도······."

아낙은 흘러내리는 이마의 땀을 닦고 손부채를 해 댔습니다.

"아이고. 더워. 문 좀 열자."

문을 여니 시원한 바람이 들어왔습니다.

잠시 더위를 식히고 다시 바느질을 하려는데. 전에 보지 못

한 딱정벌레 비슷한 벌레가 방바닥을 기어 다니고 있었습니다. 아낙은 심심하던 차에 벌레를 이리저리 밀치며 놀다가 옆에 떨어져 있던 밥풀을 던져 주었습니다.

그러나 벌레는 밥풀을 본 척도 안 했습니다. 생선을 떼어 주어도 마찬가지였습니다.

"아니. 이놈은 대체 무얼 먹고 살지?"

아낙은 고개를 갸웃하며 바느질을 하다가 그만 바늘을 떨어뜨리고 말았습니다.

그런데 벌레가 쪼르르 달려오더니 바늘을 냉큼 먹어 버렸습니다.

"아니. 바늘을 먹네. 별 요상한 것도 다 있지."

아낙은 신기해서 바늘 쌈지에서 새 바늘을 꺼내 벌레 앞에 던져 보았습니다.

벌레는 또 달려와 얼른 먹어 치웠습니다.

"세상에. 쇠를 먹는 벌레가 다 있네!"

아낙은 이번에는 옆에 있던 가위를 던져 주었습니다.

와삭와삭 쓰슥.

벌레는 순식간에 가위를 먹어 치워 버렸습니다. 그런데 더욱 이상한 일이 벌어졌습니다. 쇠를 먹을수록 벌레는 자꾸만 커졌습니다. 벌레는 이제 제법 큰 것들을 먹어 치웠습니다. 방 안에 있는 놋요강이며 문에 달려 있는 문고리, 부엌의 밥그릇이며 숟가락 등 쇠로 된 물건은 모조리 먹어 치웠습니다.

아낙은 너무 겁이 나고, 이대로 두었다간 집안 살림이 다 거덜 날까 봐 벌레를 몰아내려고 했습니다.

"이놈, 요상한 벌레야. 어서 썩 나가라!"

그러나 벌레는 점점 자라 이제 강아지만 한 데다가 힘도 세졌습니다. 벌레는 부엌에 있는 가마솥은 물론이고 호미와 쇠스랑까지 먹어 치웠습니다. 집에 있던 쇠붙이란 쇠붙이는 모두 다 먹어 버렸습니다.

쇠를 먹는 벌레 얘기를 듣고 이웃 사람들이 구경 와서 신기한 듯 쇠를 던져 주었습니다.

"정말 쇠를 먹네. 야, 이 엽전도 먹어 봐라."

이제 벌레는 송아지만 해졌습니다.

그리고 어느 날, 쇠를 먹는 벌레는 아낙 집에서 사라졌습니다. 아낙 집에 더 이상 먹을 것이 없자 이웃집으로 간 것입니다. 작았을 때에는 조금씩 먹던 벌레가 이제는 하루에 한 집의 쇠붙이를 모두 먹어 치웠습니다.

　얼마 안 가 마을의 모든 쇠붙이를 먹어 버린 벌레는 이웃 마을로 달려갔습니다. 벌레는 이제 코끼리만 해졌으며, 날쌔기로는 호랑이 같고, 힘은 곰처럼 셌습니다. 더 이상 벌레가 아니라 괴물이 되고 만 것입니다. 그러자 이웃 마을에서도 난리가 났습니다.

　"저 요상한 벌레를 잡아라."

　쇠를 먹는 벌레에 대한 소문은 순식간에 송도에 퍼졌습니다. 나라에서 군사들을 모아 벌레를 잡으러 달려왔습니다.

　"바로 저것이 그 괴물이다. 화살을 당겨라."

　대장이 소리치자 일제히 괴물을 향해 화살을 쏘았습니다. 그러나 화살은 괴물의 몸에 맞자마자 모두 튕겨 나갔습니다.

　칼을 휘둘러도 쨍강, 소리만 날 뿐 찔러지지가 않았습니다. 오히려 칼을 빼앗겨 괴물의 먹이가 되었습니다.

　"대장님. 쇠를 먹어서 그런지 칼이나 활로는 안 됩니다."

"쇠에 강한 것은 불이다! 사방에 불을 지펴라."

군사들은 나무를 날라다 사방에 쌓아 놓고 불을 피웠습니다. 불길에 휩싸인 괴물의 몸이 시뻘겋게 달아올랐습니다. 그러나 괴물은 펄쩍 불길을 뛰어넘어 다른 마을로 달아났습니다.

"대장님, 불로도 안 됩니다. 저 괴물은 죽일 수 없습니다."

한 군사가 말했습니다.

"죽일 수 없다고? 그럼 불가사리라고 불러야겠다."

불가사리는 아무도 죽일 수 없는 괴물이라는 뜻입니다.

나라에 비상이 걸렸습니다. 나라의 온갖 쇠붙이가 동이 날 판이었습니다. 나라에서는 불가사리를 잡는 데 상금을 걸었습니다.

"불가사리를 죽이거나 사로잡는 자는 대장군으로 삼고 상금으로 일만 냥을 주리라."

이때, 한 스님이 나타났습니다. 스님은 불가사리한테 다가가더니 중얼중얼 주문을 외우고 들고 있던 염주를 휙 던졌습니다. 염주는 정확히 불가사리의 목에 걸렸습니다. 조금 뒤, 불가사리는 무릎을 꿇고 고개를 떨구었습니다.

"네 이놈, 무슨 장난을 이리 심하게 하느냐. 당장 그만두지 못

할까!"

　쩌렁쩌렁 울리는 스님의 호통 소리에 불가사리는 고개를 더욱 납작하게 숙였습니다. 스님은 들고 있던 지팡이로 불가사리의 등을 후려쳤습니다. 그러자 불가사리는 그동안 먹었던 쇠붙이로 변하면서 와르르 무너졌습니다. 가위는 다시 가위로. 호미는 다시 호미 모양으로 돌아왔습니다.

　고려는 이 일이 있은 뒤 몇 년 안 가 망하고. 조선이 세워졌습니다.

　이때부터 아무도 손댈 수 없는 못된 망나니를 가리켜 '송도 말년의 불가사리라.' 하고 말했답니다.

평양 황고집이라

옛날 평양에 황순승이라는 사람이 살고 있었습니다. 황순승은 고집이 세기로 유명했습니다. 그래서 사람들이 황고집이라고 불렀습니다.

어느 날, 황고집은 급한 볼일이 생겨서 한양으로 내려갔다가 일을 끝내고 다시 평양으로 돌아가던 길에 한양으로 가고 있는 평양 친구를 만났습니다.

"이게 누군가, 황고집 아닌가? 여보게 황고집, 마침 잘 만났네."

"아니, 무슨 일이라도 있나? 왜 이리 호들갑이야."

"자네의 절친한 친구인 남산골 김 진사가 세상을 떠났네."

"허어. 김 진사가! 어인 일로?"

황고집은 깜짝 놀랐습니다.

"낸들 아나. 어서 함께 문상하러 가세."

평양 친구가 황고집의 옷을 잡아 끌었습니다.

"아닐세. 난 한양에 친구 문상을 하러 온게 아니라 다른 일로 온 것이니. 이대로 문상을 간다면 세상을 떠난 친구에게 옳은 일이 아니네."

황고집이 딱 잘라 말했습니다.

"별소리 다 하네. 이왕 온 김에 문상까지 하고 가면 좋은 일 아닌가? 자, 가세."

"아닐세. 난 평양에 갔다가 다시 오겠네."

황고집이 굳은 결심을 한 듯 말했습니다.

"평양에 무슨 급한 일이라도 있나?"

평양 친구가 어리둥절해서 물었습니다.

"아니네. 어쨌든 평양에 갔다가 다시 오자면 바쁠 것 같아 이만 가 보겠네."

"이봐, 황고집. 여기서 평양까지 하루 이틀 걸리나. 아무리 빨리 걸어도 닷새는 족히 걸리네."

"아무리 그래도 내가 죽은 김 진사와는 여간 절친한 사이가 아닌가. 내가 이대로 문상을 간다는 것은 예의가 아니니, 얼른 집에 갔다가 그 친구 문상하는 일로 다시 오겠네. 내 빨리 다녀 옴세."

황고집은 뒤도 안 돌아보고 걸어갔습니다.

"이봐. 황고집! 저런. 저 고집 좀 보게!"

평양 친구는 황순승의 고집에 혀를 끌끌 찼습니다.

평양에 도착한 황고집은 자기 집 대문에 들어서자마자 소리쳤습니다.

"옷을 주시오. 한양 김 진사가 죽었다는 소릴 들었소. 문상을 가야 하니 어서 옷을 내놓으시오."

황고집의 호통 소리에 부인이 깜짝 놀라 뛰어나왔습니다.

"지금 한양서 막 오시지 않으셨습니까?"

"맞소. 지금 한양서 올라오다 그 소릴 들었소."

"아니. 그럼 갔던 길에 문상을 하고 올라오시지 않고요."

"이전에 한양에는 다른 일 때문에 간 것이지. 어디 문상 가려 했던 거요?"

"아무리 그래도 그렇지. 사람이 주변머리가 있어야지요."

"무슨 소릴 하는 거요. 그 사실을 남산골 김 진사가 안다면 얼마나 서운해 하겠소. 내 한양 좀 다녀오리다."

부랴부랴 옷을 다시 챙겨 입고 한양에 내려가자 친구 장례식은 벌써 끝나고 말았습니다. 황고집의 늦은 문상을 보고 한양 사람들이 모두 웃었습니다.

　그런데 이런 황순승의 고집을 꺾은 사람이 있었습니다. 바로 황고집의 며느리였습니다.

　황고집은 아들이 혼인한 다음 날, 며느리의 아침 인사를 받으려고 일찍 일어나 옷을 입고 기다리고 있었습니다. 이제나 저제나 며느리가 오길 기다리고 있는데, 아침이 훤히 밝아 올 때까지 나타나지 않았습니다.

　"아니, 이런 고얀 일이 있나. 여봐라, 밖에 누구 없느냐!"

　마침내 참다못한 황고집이 큰 소리로 말했습니다.

　"네, 부르셨습니까?"

　하인이 쪼르르 달려왔습니다.

　"해가 중천에 떴는데 며느리가 인사를 왜 안 오는지 알아 오너라."

　"아씨 마님은 벌써 꼭두새벽부터 인사를 올리려고 기다리고 계십니다."

"뭐? 그런데 왜 들어와 인사를 하지 않느냐?"

하인이 며느리에게 달려가 황고집의 이야기를 전하고 대답을 얻어 왔습니다.

"영감 마님, 아씨 마님은 영감 마님께서 사당에 문안을 드리고 나오시면 인사를 드리려고 기다렸답니다."

"아차, 이런 실수가!"

옛날에는 집안에 큰 잔치나 환갑 같은 행사가 있으면 조상의 신주를 모셔 둔 사당에 먼저 음식을 차려 놓고 제사를 지내는 것이 도리였습니다.

황고집은 부랴부랴 사당에 제사를 올렸습니다. 황고집이 예를 따지니, 며느리도 예로써 되받은 것입니다. 이렇게 해서 황순승의 고집은 며느리의 고집에 꺾였습니다.

이 이야기가 세상 사람들에게 널리 알려지면서 '평양의 황고집'이라는 속담이 생겼고, 그 뒤부터 고집을 부리고 주변머리가 없는 사람을 '평양 황고집'이라고 불렀답니다.

수원 깍쟁이

 옛날부터 사업이 번창했던 개성 고을 사람은 돈 안 쓰고 검소하기로 유명했습니다.
 그런데 개성 사람보다 더 검소하고 살림 알뜰히 하기로는 수원 사람이 더 유명했습니다.
 어느 날. 개성 사람과 수원 사람이 함께 길을 가게 되었습니다.
 "아. 여보게. 왜 짚신을 허리춤에 차고 가나?"
 개성 사람이 수원 사람을 보며 말했습니다.
 "내가 짚신을 허리춤에 차고 가건 머리에 쓰고 가건 무슨 상관이오. 그러는 댁은 왜 허리춤에 차고 가시오?"

수원 사람이 개성 사람의 허리춤에 매달려 있는 짚신을 슬금 보며 말했습니다.

"나는 어릴 적부터 맨발로 걸어 다녀서 발바닥이 두껍다오. 허허허."

개성 사람은 점잔을 빼며 너털웃음을 웃었습니다.

"나는 짚신을 신으면 발이 갑갑해서 걸음이 느려진다오. 하하하."

수원 사람도 지지 않고 말했습니다.

그러나 둘 다 속마음은 짚신이 닳을까 봐 맨발로 걸어가는 것이었습니다.

한참을 가는데. 맞은편에서 나그네가 걸어왔습니다. 두 사람은 체면상 짚신을 신지 않을 수 없었습니다.

'이크. 양반 체면에 신을 안 신을 수는 없고, 신자니 짚신이 닳을 텐데. 아이고. 아까워서 어떡하나.'

개성 사람은 얼른 신을 신었습니다. 그리고 제자리에 서서 주위를 둘러보는 척했습니다. 그러다 나그네가 저만큼 걸어가자 재빨리 신을 벗어 탁탁 털었습니다.

"아이고. 사흘 신을 만큼 닳았네. 이런 아까운 일이 있나!"

수원 사람은 나그네가 오자 주위를 두리번거리더니 길가 수풀에 들어가 허리띠를 풀고 오줌 누는 시늉을 했습니다.

"허, 시원하다."

허리띠를 다시 동여매며 나오는 수원 사람의 능청에 개성 사람은 혀를 내둘렀습니다.

"여보게, 수원 양반. 정말 지독하네."

또 얼마쯤 가니, 이번에는 아리따운 여인이 걸어왔습니다.

"이크, 또 사람이네."

개성 사람이 말했습니다.

"아니, 이 길은 사람이 잘 다니지 않는 길이라고 해서 접어 들었는데 웬 사람이 이렇게 많이 다녀."

수원 사람도 투덜거렸습니다.

두 사람은 얼른 짚신을 신었습니다.

개성 사람은 짚신을 신고 두리번거렸습니다. 그러나 여인이 걸어오다 길 한쪽으로 비켜서자 개성 사람은 걸어가지 않을 수가 없었습니다. 옛날에는 남자와 여자가 길에서 마주치면 여자가 길을 비켜서 있다가, 남자가 지나간 다음에 지나가곤 했습니다. 이렇게 되자 개성 사람은 점잔을 빼다가 몇 발짝 걸어갔습니다.

개성 사람이 지나가자. 잠시 한쪽에 서 있던 여인이 지나갔습니다. 개성 사람은 여인이 지나가자 재빨리 짚신을 벗어 먼지를 탁탁 턴 뒤 얼마나 닳았나 살펴보았습니다.

"이런. 한 열흘 치는 닳았겠네. 아이고. 아까워라."

개성 사람은 짚신을 다시 허리춤에 차고 수원 사람을 돌아다보았습니다.

수원 사람은 아리따운 여인 앞에서 망측하게 오줌 누는 시늉을 할 수는 없었습니다. 하는 수 없이 수원 사람은 그 자리에 주저앉아 다리를 주물렀습니다.

"먼저 지나가시오. 발에 쥐가 나서 그러오."

수원 사람은 손짓으로 여인에게 빨리 지나가라고 재촉했습니다. 여인은 그대로 머물러 있을 수가 없어 빠른 걸음으로 지나갔습니다.

수원 사람은 여인이 지나가자, 곧바로 짚신을 벗어 먼지를 턴 뒤 허리에 차며 엄살을 부렸습니다.

"아이고, 짚신 다 닳겠네."

개성 사람은 수원 사람을 보면서 고개를 절레절레 흔들었습니다.

"정말 지독한 사람이군. 수원 깍쟁이 같으니라고."

이래서 수원 사람들이 독하다는 말이 전해지게 되었답니다. 물론 옛날이야기지만, 사람들이 인색한 사람을 보고 '수원 깍쟁이' 같다고 말하는 것은 이런 이유 때문이랍니다.

춘천 노목궤

옛날 춘천 지방에 한 노인이 살고 있었습니다. 노인에게는 예쁜 딸이 하나 있었는데, 노인은 딸을 무척 사랑했습니다.

딸이 시집갈 나이가 되자 노인은 고민에 빠졌습니다. 무턱대고 아무 젊은이나 사위 삼을 수는 없는 노릇이었습니다. 실은 딸을 시집보내지 않고 죽을 때까지 데리고 살고 싶었지만, 그러면 사람들이 못난 늙은이라고 놀릴 것이 뻔했습니다.

"아, 이 일을 어쩐다지. 딸애의 나이는 자꾸 차는데……."

똑똑한 사위를 얻고 싶었던 노인은 고민 끝에 좋은 꾀를 생각해 냈습니다. 노인은 노목이라는 나무로 커다란 궤짝을 만들고, 그 안에 쌀 쉰다섯 말을 넣었습니다.

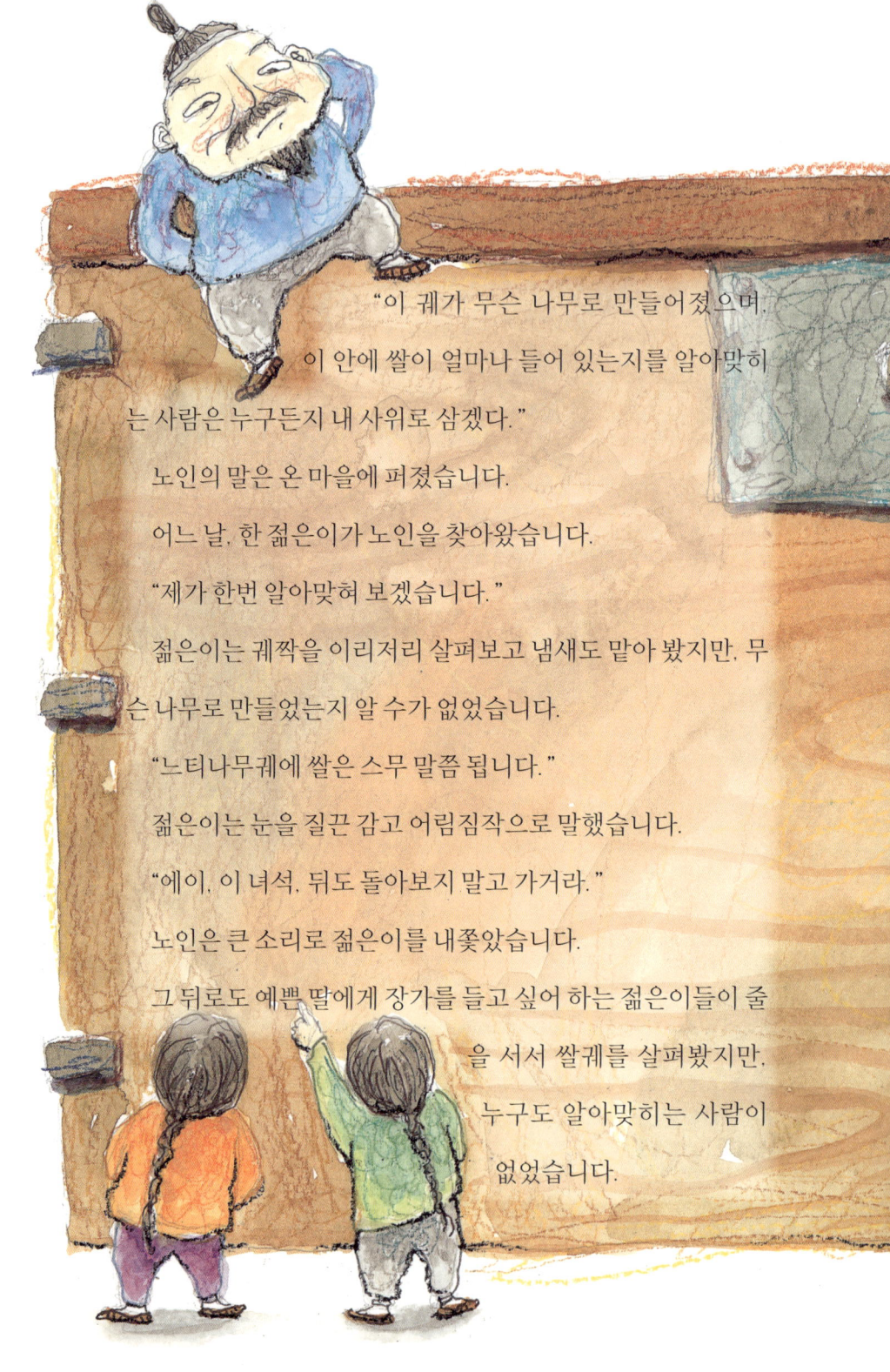

"이 궤가 무슨 나무로 만들어졌으며, 이 안에 쌀이 얼마나 들어 있는지를 알아맞히는 사람은 누구든지 내 사위로 삼겠다."

노인의 말은 온 마을에 퍼졌습니다.

어느 날, 한 젊은이가 노인을 찾아왔습니다.

"제가 한번 알아맞혀 보겠습니다."

젊은이는 궤짝을 이리저리 살펴보고 냄새도 맡아 봤지만, 무슨 나무로 만들었는지 알 수가 없었습니다.

"느티나무궤에 쌀은 스무 말쯤 됩니다."

젊은이는 눈을 질끈 감고 어림짐작으로 말했습니다.

"에이, 이 녀석, 뒤도 돌아보지 말고 가거라."

노인은 큰 소리로 젊은이를 내쫓았습니다.

그 뒤로도 예쁜 딸에게 장가를 들고 싶어 하는 젊은이들이 줄을 서서 쌀궤를 살펴봤지만, 누구도 알아맞히는 사람이 없었습니다.

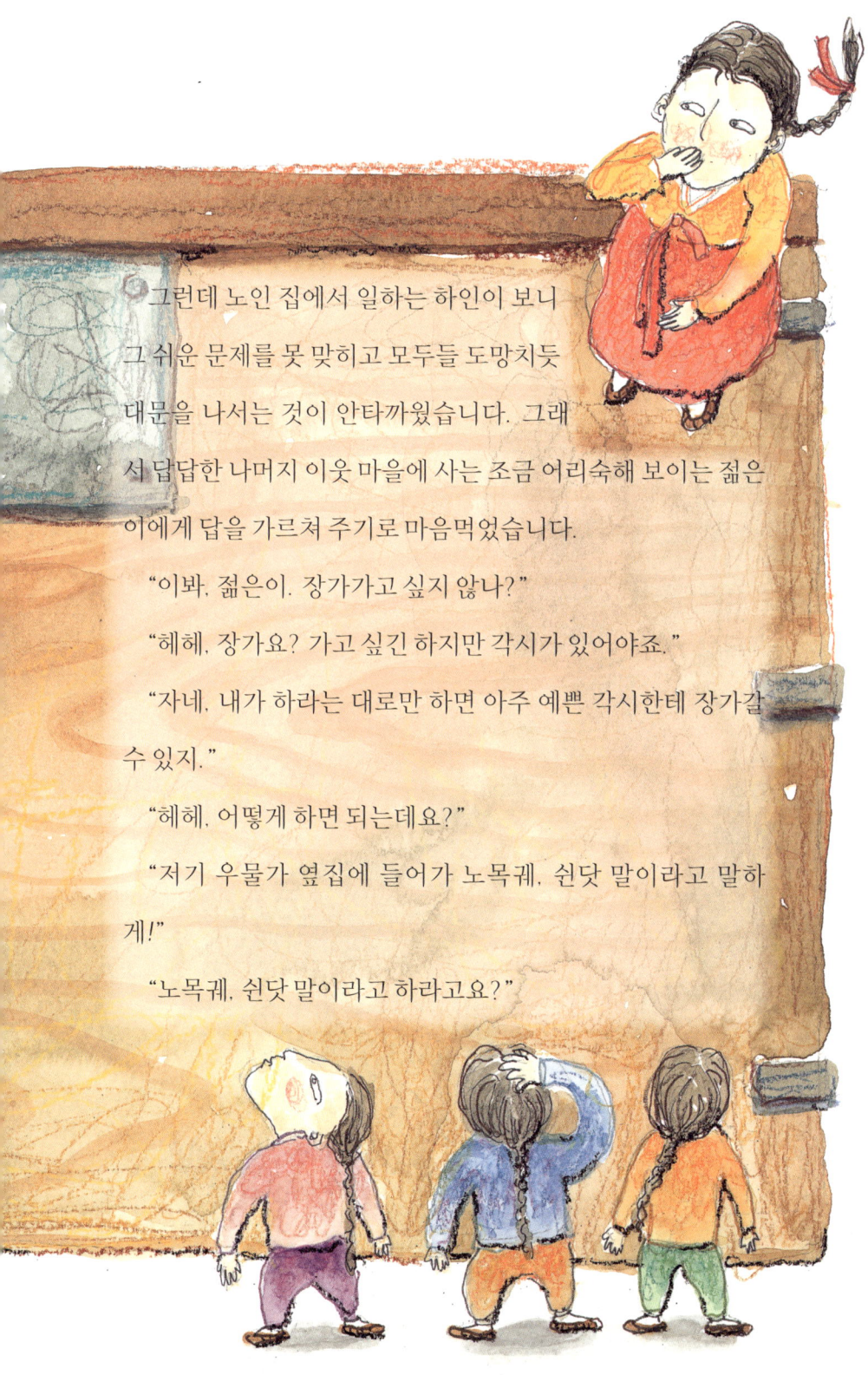

그런데 노인 집에서 일하는 하인이 보니 그 쉬운 문제를 못 맞히고 모두들 도망치듯 대문을 나서는 것이 안타까웠습니다. 그래서 답답한 나머지 이웃 마을에 사는 조금 어리숙해 보이는 젊은이에게 답을 가르쳐 주기로 마음먹었습니다.

"이봐, 젊은이. 장가가고 싶지 않나?"

"헤헤, 장가요? 가고 싶긴 하지만 각시가 있어야죠."

"자네, 내가 하라는 대로만 하면 아주 예쁜 각시한테 장가갈 수 있지."

"헤헤, 어떻게 하면 되는데요?"

"저기 우물가 옆집에 들어가 노목궤, 쉰닷 말이라고 말하게!"

"노목궤, 쉰닷 말이라고 하라고요?"

"그렇게만 말하면 되네."

"노목궤, 쉰닷 말! 노목궤, 쉰닷 말!"

젊은이는 혹시라도 그 말을 잊어버릴까 봐 밥을 먹으면서도, 잠자리에 들어서도 계속 중얼거렸습니다.

다음 날 아침이 되자마자 젊은이는 한달음에 달려 노인의 집 앞에 다다랐습니다. 그러고는 힘차게 대문을 두드렸습니다.

"여기가 사위 구하는 집 맞습니까? 헤헤."

"어서 들어오게. 그동안 몇백 명의 젊은이들이 몰려왔지만, 아무도 문제를 못 맞히고 돌아갔다네. 젊은이도 용기가 있다면 도전해 보게."

노인과 딸은 젊은이를 찬찬히 살펴보았습니다.

"정말 문제를 맞히면 사위 삼는 거죠? 헤헤."

"어서 맞혀 보게."

노인과 딸은 바보처럼 보이는 젊은이가 마음에 들지 않았지만 꾹 참았습니다.

젊은이는 쌀궤를 이리저리 살펴보는 척하며 혼잣말처럼 중얼거렸습니다.

"노목궤, 쉰닷 말!"

"뭐라고?"

"노목궤. 쉰닷 말!"

"맞다. 맞어!"

노인은 자리에서 벌떡 일어나 젊은이의 손목을 잡았습니다. 그리고 약속대로 젊은이를 사위로 삼았습니다.

그러나 사위가 된 젊은이는 노인이 부르기만 하면 그 앞에 가서 "노목궤. 쉰닷 말."이라고 말했습니다. 노인은 그제야 잘못된 것을 알고 한숨을 쉬었지만, 후회해 봤자 이미 엎질러진 물이었습니다.

융통성이 전혀 없는 사람을 '노목궤' 나 '춘천 노목궤'라고 부르는 것은 이런 이유에서랍니다.

양천 원님 죽은 말 지키듯

 옛날 경기도 강화 땅에 벌대춘이란 말이 있었습니다. 이 말은 임금이 나들이할 때마다 스스로 한양에 올라와 임금을 태우고 다녔습니다.
 "오호, 영특한 말이로다!"
 임금은 벌대춘을 몹시 아꼈습니다.
 "전하의 기분을 알아 모실 줄 아는 정말 영리한 말입니다."
 신하들도 벌대춘에 대한 칭찬을 아끼지 않았습니다.
 하루는 기분 좋게 나들이를 마치고 돌아온 임금이 신하들에게 명령을 내렸습니다.
 "이 말의 죽음을 알리는 자는 사형을 시키리라!"

그러자 옆에 있던 신하가 붓으로 임금의 명령을 냉큼 받아 썼습니다. 임금의 명령은 그대로 책에 기록되어 거스를 수가 없었습니다.

어느 날, 벌대춘이 한양에서 임금 나들이를 시켜 주고 내려가다가 김포쯤에 있는 양천 벌판에서 죽고 말았습니다.

"아이고, 이 일을 어쩐다. 아니, 이런 일이 왜 우리 고을에서 일어난단 말이냐!"

양천 고을 원님은 안절부절못했습니다. 벌대춘이 죽었다는 사실을 알리는 사람은 죽게 된다니, 임금한테 알리지도 못하고 그저 속만 바짝바짝 태웠습니다.

"어허, 어떻게 하면 좋단 말이냐?"

양천 고을 원님은 죽은 말을 쳐다보며 혀를 끌끌 찼습니다.

그런데 길 가던 노인이 이 광경을 보았습니다.

"무슨 일이 있습니까?"

노인이 원님에게 물었습니다.

"아, 글쎄, 저 말이 벌대춘이란 말인데 임금님께서 나들이할 때 타시는 말이라오."

양천 고을 원님이 한숨을 내쉬며 말했습니다.

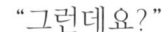

"그런데요?"

"임금님께서 하루는 기분이 너무 좋아서 이 말의 죽음을 알리는 사람은 사형시킨다는 법을 만들었지 뭡니까? 그래서 지금 이러지도 못하고 저러지고 못해 죽은 말만 지켜보고 있답니다. 노인장, 뭐 좋은 수가 없겠습니까?"

양천 고을 원님이 지푸라기라도 잡는 마음으로 말했습니다.

"너무 걱정하지 마십시오. 제가 임금님을 만나 뵙겠습니다."

노인은 그길로 궁궐에 들어가 임금 앞에 꿇어 앉았습니다.

"임금님, 벌대춘이란 말을 아시지요?"

"그럼. 알지요. 내 나들이를 즐겁게 하는 말인데 왜 그러시오?"

"그 말이 강화로 내려가다가 양천에서 벌판에 누웠습니다."

"그래서?"

"지금까지 사흘 동안 아무것도 먹지 않고 일어나지도 않습니다."

"그. 그럼 죽었단 말이오? 아깝도다! 그런데 왜 죽었다고 알리지 않고 돌려서 말하는 거요?"

"임금님께서 말의 죽음을 알리는 사람은 사형을 시킨다고 하셨기에, 양천 고을 원님이 이러지도 저러지도 못 하고 있사옵니다."

"그래? 내가 법을 잘못 만들었구나!"

임금은 자신의 잘못을 깨우쳐 준 노인에게 큰 상을 내렸습니다.

이때부터 어떻게 해야 할지 몰라 속만 태우며 지켜보고 있을 때 쓰는 말로 '양천 원님 죽은 말 지키듯'이란 속담이 생겼답니다.

포천 장 소 탓

옛날 경기도 포천 근처 작은 마을에 한 농부가 살았습니다.

하루는 농부가 옷을 챙겨 입으며 부인에게 말했습니다.

"오늘이 포천 장날이지?"

"네. 장에 가시게요?"

"소 시장에 누렁이를 팔러 나가 봐야겠소."

농부는 아침밥을 든든히 먹고 소를 몰고 포천 장으로 나갔습니다. 소 시장에는 많은 소들이 주인을 기다리며 매애매애. 울고 있었습니다.

"아니. 이게 누구신가?"

농부가 한 사람을 붙들고 반갑게 인사했습니다.

"아니. 사돈 양반이 여긴 웬일이시오?"

그 사람은 이웃 마을에 사는 사돈이었습니다. 옛날부터 사돈 사이는 아주 멀고도 가까운 친척이라고 했습니다.

"나야 오늘 소 시장에 누렁이 좀 팔려고 나왔지요. 사돈 양반도 소 팔려고 나오셨소?"

농부는 사돈이 끌고 온 소를 보며 말했습니다.

"그렇소. 그런데 영 값이 신통치 않네요."

사돈이 시큰둥하게 말했습니다.

"그래. 안사돈도 안녕하시죠?"

"아무렴요. 올해 농사는 좀 어땠습니까?"

"늘 그렇지요. 뭐. 오랜만에 만났는데 어디 가서 약주라도 한잔 하십시다."

"암. 그래야지요. 저기 국밥 집으로 갑시다."

농부와 사돈은 소 파는 일은 뒤로 미루고 술상을 사이에 놓고 마주 앉았습니다.

"자. 한잔 받으시죠."

농부가 먼저 술을 권했습니다.

"아닙니다. 먼저 받으시죠."

　두 사람은 대낮부터 서로 권커니 잣거니 하면서 술에 취해 버리고 말았습니다. 옛날부터 포천 술은 맛이 좋기로 유명했습니다.

　어느새 날이 어두워졌습니다.

　"아이고. 벌써 시간이 이렇게 됐나. 아쉽지만 이제 일어납시다."

　농부가 깜짝 놀라며 말했습니다.

　"그러지요. 많이 늦었으니 이제 그만 갑시다. 다음 장날에 또 봅시다."

　두 사람은 곤드레만드레 취해 몸을 제대로 가눌 수 없을 정도였습니다. 소 시장은 벌써 끝나고 하루 종일 굶은 소 두 마리만 큰 눈을 끔벅이며 주인을 기다리고 있었습니다.

　"살펴 가세요."

　사돈이 말했습니다.

　"이 소만 타고 있으면 저절로 집까지 갑니다."

농부가 말했습니다.

두 사람은 자기 소를 타고 집으로 돌아갔습니다. 늦은 밤이리 마을 불도 모두 꺼지고 부인도 기다리다 지쳤는지 곤히 잠들어 있었습니다.

농부는 방에 들어가 눕자마자 세상모르고 잠들었습니다.

새벽녘이었습니다. 농부는 목이 말라 잠에서 깼습니다. 머리맡에 자리끼가 있으려니 하고 더듬어 찾았지만 손에 잡히지 않았습니다. 자리끼란 자기 전에 머리맡에 떠 놓는 물을 가리킵니다. 농부는 곁에서 자고 있는 부인을 흔들었습니다.

"이봐. 임자. 물 좀 떠······."

그런데 뭔가 좀 이상했습니다. 혼인해서 몇십 년 동안 살아온 자기 부인의 감촉이 아니었습니다.

'아니. 이게 뭔 일인가?'

농부는 퍼뜩 정신이 들어 벌떡 일어나 주위를 살펴보았습니다. 옆에서 자고 있는 부인은 자기 부인이 아니었습니다. 이게

웬 날벼락인가 싶어 얼른 옷을 꿰어 입고 나와 집을 둘러보니 자기 집이 아니었습니다.

농부는 부리나케 집을 나와 누가 볼세라 도망가기 시작했습니다. 한참을 가다 보니 앞에서 누가 허겁지겁 달려오는 것이 아니겠어요. 서로 거리가 가까워졌을 때 보니 바로 사돈이었습니다.

"아니. 어떻게 이런 일이!"

"아. 그놈의 소 때문에······."

"맞소. 소 때문이오."

이때부터 자기가 잘못해 놓고 엉뚱한 사람을 탓할 때 '포천장 소 탓'이라고 말했답니다.

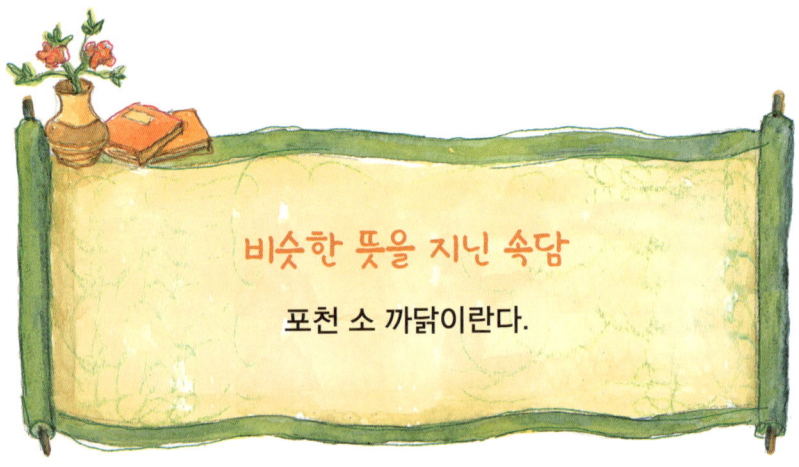

비슷한 뜻을 지닌 속담
포천 소 까닭이란다.

송도 오이 장수

 옛날 송도 지방에 오이 장수가 살았습니다.

 어느 무더운 여름날. 오이 장수는 오이를 잔뜩 사서 어디로 가서 팔면 좋을까 생각했습니다.

 '평양으로 갈까. 아니면 원산으로 갈까?'

 오이 장수는 오이를 잘 팔아서 장가갈 밑천을 마련할 생각에 더욱 신바람이 났습니다.

 오이 장수는 동네 어귀 주막 집에 앉아 있으면 여러 지방을 돌아다니는 장사꾼들을 만날 수 있어. 어디의 물건 시세가 어떤지 알 수 있을 거라고 생각했습니다.

 그래서 주막집에 오이 한 짐을 부려 놓고 장사꾼들 이야기를

엿듣기도 하고 말을 붙여 보기도 했습니다.

"어이, 이게 누군가. 요즘 장사 잘되나?"

오이 장수는 수염이 더부룩한 신 장수에게 말을 걸었습니다.

"아니, 이게 누군가. 오이 장수 아닌가? 말도 말게. 장사는 역시 먹는 장사가 최고인 것 같네."

"무슨 소릴. 그나저나 지금 한양 오이 시세 좀 아는가?"

"지금 한양엔 오이 값이 금값이라네. 임금님께 바칠 오이가 부족할 지경이지."

신 장수가 말했습니다.

"정말인가? 정말 한양 오이 값이 금값인가?"

오이 장수가 신나서 물었습니다.

"아, 그렇다니까. 내가 왜 비싼 밥 먹고 허튼소리를 하겠나. 어서 한양에 가 보게."

"정말이지? 아무튼 고맙네."

"어이, 내 자네 이름으로 막걸리 한 사발 먹겠네. 하하하."

"그러게. 다음에 또 보자고."

송도 오이 장수는 부리나케 오이 지게를 지고 한양으로 달렸습니다.

며칠 만에 한양에 도착한 오이 장수가 시장에 가 보니 오이는 가득 넘쳐 났고 똥값이었습니다.

오이 장수는 크게 실망했습니다. 한양 오이 값이 금값이라는 소문이 퍼지자, 너 나 할 것 없이 오이를 지고 한양으로 올라오는 바람에 오이가 잔뜩 쌓였던 것입니다.

'아니, 그 친구가 거짓말을 했나? 그럴 리가 없어. 믿음 하나로 먹고사는 장사꾼인데.'

오이 장수가 지게 밑에 쭈그리고 앉아 이런저런 생각을 할 때였습니다.

"오이 팔러 오셨수?"

그 앞을 지나던 사람이 말을 걸었습니다.

"네. 그런데 오이 값이 똥값이라 팔지도 못하고 있습니다."

오이 장수가 힘없이 말했습니다.

"아니. 오이를 팔려면 의주로 가야지. 서울에 쭈그리고 앉아 있으면 오이가 팔리우?"

"의주 오이 값이 좋습니까?"

오이 장수가 두 눈을 동그랗게 뜨고 물었습니다.

"좋다마다요. 부르는 게 값인데. 없어서 못 판다오."

'옳지. 곧장 의주로 가서 오이를 팔아야지.'

오이 장수는 며칠 동안 쉬지 않고 열심히 걸어서 의주에 도착했습니다.

그런데 이게 웬일입니까? 의주의 오이 값도 똥값이라 여기저기 오이가 나뒹굴고 있었습니다. 시장 가득 여러 지방에서 올라온 오이 장수들 때문에 시끌시끌했습니다.

"올라오려면 진작 와야지. 남들 다 판 다음에 올라오면 뭐하나."

"왜 자네는 날마다 뒷북만 치고 다니나."

친구들이 송도 오이 장수를 놀려 댔습니다.

"에이, 송도 오이 값이 가장 좋군. 송도로 다시 가야지."

오이 장수는 투덜대며 송도로 내려갔습니다. 며칠을 걸려 송도에 도착해 보니 지게의 오이가 다 썩어 있었습니다.

"아이고, 내 오이! 내 오이!"

오이 장수는 썩은 오이를 내던지며 길바닥에 주저앉아 울었습니다.

"그러기에 한곳에서 진득하니 장사를 해야지. 소문만 듣고 좋다고 다니다가 그 꼴이라니……."

이웃집 노인이 혀를 끌끌 차며 말했습니다.

이 일이 있은 뒤부터 '송도 오이 장수'라는 속담이 생겼는데. 이것은 조금이라도 더 이익을 보려고 이쪽 저쪽으로 왔다 갔다 하다가 기회를 다 놓치고 손해만 보는 사람을 말합니다.

충주 결은 고비

옛날 충주에 지독히 인색한 구두쇠가 살았습니다. 어찌나 노랑이인지 사람들이 혀를 내두를 정도였습니다.

어느 날, 구두쇠네 집 간장 항아리에 파리 한 마리가 앉았다가 날아갔습니다.

"이놈의 파리가 간장 다 퍼 가네."

구두쇠는 파리를 잡으러 쫓아갔습니다.

파리는 잡히면 죽을 것 같아 있는 힘을 다해 날았습니다. 충주에서 목계 장터까지 한 번도 쉬지 않고 날아왔는데, 구두쇠가 그곳까지 쫓아왔습니다.

"야, 지독한 노랑이한테 걸렸구나."

파리는 한숨을 내쉬며 강원도 평창까지 날아갔습니다. 구두쇠는 땀을 뻘뻘 흘리며 달려왔습니다. 파리는 너무 지쳐 바위에 앉았습니다.

"요놈. 이제야 잡았다."

구두쇠는 헉헉거리며 달려와서. 기진맥진 누워 있는 파리를 잡아 다리에 묻어 있는 간장을 쪽쪽 빨아 먹었습니다.

"야. 지독하다. 지독해."

겨우 목숨을 건진 파리는 비틀거리며 날아갔습니다. 그래서 사람들은 파리가 앉았던 바위를 장바위라고 불렀답니다.

하루는 생선 장수가 소리치며 지나갔습니다.

"생선이오. 생선 사세요!"

"어이. 생선 장수. 어디 생선 좀 봅시다."

그러나 구두쇠는 생선을 뒤적거리기만 하다가 돌아섰습니다.

"생선이 좋기는 하오만 좀 비싸구려."

"값도 안 묻고 비싸다뇨?"

생선 장수는 어리둥절했습니다.

"보나마나 값이 비쌀 거 아니오. 내 다음에 사리다."

구두쇠는 그렇게 말하고 집 안으로 들어갔습니다. 그러고는 며느리를 불렀습니다.

"얘, 아가. 큰 그릇에 물을 떠 오너라."

"네, 아버님. 그런데 세수하시게요?"

"아니다. 어서 맑은 물로 많이 떠 오너라."

며느리가 물을 떠 오자 구두쇠는 생선 만진 손을 씻었습니다.

"이 물로 국을 끓이도록 해라. 허허허. 오늘은 맛있는 명탯국을 먹겠구나."

며느리는 기가 찼지만 어쩔 수 없이 국을 끓여 상에 올렸습니다.

구두쇠네 집에 제삿날이 돌아왔습니다. 조상을 모시는 제사인 만큼 제사상을 소홀히 할 수는 없었습니다. 구두쇠는 어떻게 해야 좋을지 곰곰이 생각했습니다.

마침 좋은 생각이 떠오른 구두쇠는 제사상을 정성껏 마련하고. 제사상 앞에다 지방을 붙였습니다. 지방은 돌아가신 분의 이름을 한자로 써넣은 종이를 말합니다.

"아버님. 지방을 태우셔야지요?"

아들이 말했습니다.

"아니다. 아직도 말짱하지 않으냐?"

"그래도 태워 보내는 게 예의 아닙니까?"

"조상님도 다 이해하실 거다. 땅을 십 리를 파 봐라. 한지가 나오나! 어서 참기름 한 방울 가져오너라."

구두쇠가 말했습니다.

"기름은 왜요?"

아들은 영문을 몰라 고개를 갸웃했습니다.

"찢어지면 큰일 아니냐. 종이는 기름을 입혀 놔야 질기고 오래가느니라."

구두쇠는 기름에 절인 지방으로 매번 제사를 지냈습니다. 지방에 아버지는 고(考) 자를 써넣고, 어머니는 비(妣) 자를 써 넣어 '고비'라고 부릅니다. 그래서 절인 고비(절인 지방)가 말로 전해지다가, 어느 틈에 '자리니고비', '결은 고비'가 된 것입니다. 그래서 지금도 지독한 구두쇠를 '충주 결은 고비'라고 부른답니다.

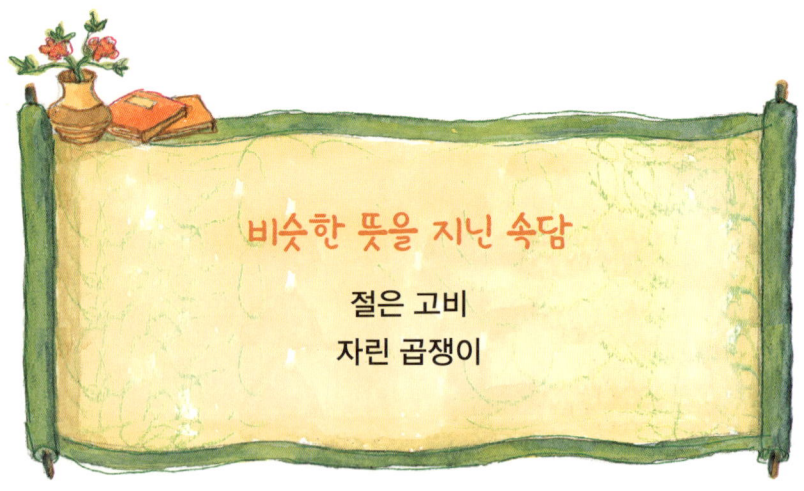

비슷한 뜻을 지닌 속담

절은 고비
자린 곱쟁이

도낏자루 썩는 줄 모른다

옛날 강원도에 한 나무꾼이 살았습니다. 나무꾼은 아내와 함께 젖먹이 아이를 키우며 행복하게 살고 있었습니다. 강원도는 산이 깊고 경치가 아름다워 가끔씩 하늘의 선녀들이 내려와 맑은 계곡물에서 목욕을 하고 올라갔답니다.

하루는 나무꾼이 나무를 하러 지게를 지고 산에 갔습니다. 나무꾼은 지겟작대기로 장단을 맞춰 가며 콧노래를 불렀습니다. 흥얼흥얼 노래를 부르며 깊은 산속에 들어간 나무꾼은 지게를 내려놓고 도끼를 빼 들었습니다.

그런데 웬 말소리가 두런두런 들리는 것이 아니겠어요.

"이상하네. 이 깊은 산속에 웬 사람 말소리일까?"

나무꾼이 귀를 기울여 들으니 어디선가 딱, 딱, 소리가 들리는 것 같았습니다. 나무꾼은 도끼를 들고 소리가 나는 곳으로 조심스럽게 다가갔습니다.

한 발 한 발 다가가니 바위가 병풍처럼 둘러쳐진 앞에 허연 수염을 늘어뜨린 두 할아버지가 앉아 바둑을 두고 있었습니다.

"아니, 깊은 산중에 웬 할아버지들이지?"

나무꾼은 자기가 꿈을 꾸고 있는 것이 아닌가 해서 허벅지를 꼬집어 보았습니다.

"아얏!"

꿈이나 헛것을 본 것이 아니라 진짜 할아버지들이었습니다. 나무꾼은 조심스레 더 가까이 다가갔습니다. 두 할아버지는 나무꾼이 다가오는지도 모르고 열심히 바둑만 두고 있었습니다.

나무꾼은 들고 온 도끼를 나무에 기대 놓고 조용히 구경을 했습니다.

"아. 이 사람아. 거기 숨어 있지 말고 이리 나와서 구경해."

그때, 한 할아버지가 말했습니다. 나무꾼은 자기도 모르게 이끌려서 바둑 두는 할아버지들 곁으로 갔습니다.

"어서 오게. 자. 우리 악수나 하세."

한 할아버지가 손을 내밀자 나무꾼도 엉겁결에 손을 내밀어 맞잡았습니다. 할아버지의 손은 꼭 아기 손처럼 부드럽고 따뜻했습니다.

"이 산속엔 웬일이오?"

다른 할아버지가 나무꾼에게 물었습니다.

"네. 나무를 하러 왔습니다."

"나무는 가까운 데서 하지 왜 이리 먼 데까지 왔소?"

"저도 모르게 오다 보니 여기까지 왔습니다."

그런데 나무꾼 배에서 꼬르륵. 소리가 났습니다. 그리고 보니 배가 무척 고팠습니다.

"배가 고픈 모양이지!"

한 할아버지가 빙그레 웃으며 말했습니다.

"아닙니다. 저기 나무 지게에 먹을 것이 있으니 나중에 먹지요."

나무꾼이 머리를 긁적이며 말했습니다.

"그럼 먼저 이걸로 시장기나 면하게."

한 할아버지가 옆에 있는 바구니에서 과일을 꺼내 건네주었습니다.

"이건 복숭아로군요. 그런데 저 산 밑에서 나는 복숭아하고 좀 다른데요."

"먹어 보게. 맛이 괜찮을 거야."

나무꾼은 배고픈 김에 복숭아 세 개를 눈 깜짝할 새에 먹어 치웠습니다. 할아버지들도 복숭아를 먹었습니다.

나무꾼은 계속 바둑을 구경했습니다. 어느덧 바둑이 끝났습니다.

"한 번 지고 한 번 이겼으니 무승부올시다."

한 할아버지가 바둑돌을 내려놓으며 말했습니다.

"그렇군요. 그럼 나중에 또 한 판 둡시다. 허허허."

다른 할아버지가 말했습니다.

"날이 저물었으니 자네도 이제 그만 돌아가야지?"

"네. 아주 재미있게 잘 봤습니다."

나무꾼은 나무에 기대어 놓았던 도끼를 집어 들었습니다.

그런데 도낏자루를 잡는 순간. 먼지가 일어나더니 자루가 그만 부서지고 말았습니다. 도끼날도 잔뜩 녹이 슬어 있었습니다.

"아니. 이게 웬일이지!"

나무꾼은 주위를 둘러보았으나 할아버지들은 온데간데없이 사라지고 없었습니다. 나무꾼은 허둥지둥 마을로 내려왔습니다.

마을에 내려와 보니 마을 모습은 옛날 그대로인데. 아는 사람이 하나도 없었습니다.

'아니. 이게 어떻게 된 일이야.'

나무꾼은 지나가는 사람을 불러 놓고 자기 아들의 이름을 대며 그런 사람이 살고 있느냐고 물어보았습니다.

"그분은 벌써 옛날에 돌아가셨어요. 그 아드님이 지금 저 집에 살고 있습니다."

나무꾼은 자기가 살았던 집으로 급히 달려갔습니다.

집 마당에는 아이들이 흙장난을 하고 있고, 한 아낙이 저녁을 짓는지 바쁘게 부엌을 들락날락하는 것이 보였습니다.

"여보시오. 누구 안 계시오?"

"누굴 찾아오셨나요?"

아낙이 공손하게 말했습니다.

"혹시 이곳에 김팔봉이라는 사람이 살고 있지 않습니까?"

나무꾼은 자기 이름을 대고 물었습니다.

"잘 모르겠는데요. 저기 제 남편이 오니 한번 물어보겠습니다."

그때, 나무를 한 짐 지고 건장한 젊은이가 들어왔습니다.

"저 아저씨가 김팔봉이라는 사람을 찾네요."

"뭐. 김팔봉을 찾아?"

젊은이는 깜짝 놀랐습니다.

"왜. 아시는 분이에요?"

"우리 할아버님이셔. 우리 아버지가 어릴 적에 산에 나무하러 갔다가 돌아오지 않으셨다는 분 말이야."

젊은이는 나무꾼한테 다가갔습니다.

"저희 할아버님을 어찌 아십니까? 저희 할아버님하고 어떤 관계가 되시는지요?"

"뭐. 할아버지! 허. 세상에 이럴 수가!"

나무꾼은 자신이 김팔봉이라는 것과. 깊은 산속에서 바둑 두는 할아버지들을 만난 이야기를 들려주었습니다.

나무꾼이 이야기를 마치자. 온 식구가 나와 절을 하며 좋아했습니다. 나무꾼은 자기 손자보다 훨씬 젊어 보였습니다.

"내가 신선들하고 놀다 왔나 보구나!"

이때부터 시간 가는 줄 모를 때 '도낏자루 썩는 줄 모른다.'라고 했답니다.

홍길동 합천 해인사 털어먹듯

　이 속담은 조선 광해군 때 사람인 허균이 쓴 《홍길동전》이라는 한글 소설에 나오는 이야기입니다.
　홍 정승에게는 길동이라는 아들이 있었습니다. 홍길동은 아주 씩씩하고 재주가 많았습니다.
　그러나 홍길동은 제대로 아들 대접을 받지 못했습니다. 첩에게서 태어난 서자였기 때문이지요. 그 시대에는 신분 차별이 심해서, 본부인의 자식이 아니면 벼슬자리도 얻을 수 없을 만큼 서자를 멸시하고 천대했습니다.
　홍길동은 총명해서 글을 금방 깨우쳤지만 과거를 볼 수 없는 자신의 처지를 깨닫고 몹시 실망했습니다.

"글을 배워 과거를 못 보면 무슨 소용인가. 내 무술을 배우리라."

홍길동은 여러 스승을 찾아다니며 무술과 도술을 배웠습니다.

무술과 도술이 뛰어난 홍길동 밑으로 많은 사람들이 부하가 되겠다고 찾아왔습니다. 홍길동은 자신을 찾아온 사람들을 모아 '활빈당'을 만들었습니다. 활빈당은 부자나 못된 관리들의 재산을 빼앗아 가난한 사람들을 도와주려고 만든 무리였습니다. 홍길동은 활빈당의 두목이 되었습니다.

경상도에 가면 해인사라는 큰 절이 있습니다. 이 절은 큰 난리에도 외적의 침입을 받지 않아 옛 보물과 값진 물건들이 고스란히 보관되어 있었습니다.

"얘들아. 경상도로 내려가자."

홍길동은 부하들을 데리고 경상도로 갔습니다.

"어디에서 재물을 구해 백성들에게 나눠 줄까?"

경상도에 도착한 홍길동이 부하들을 둘러보며 말했습니다.

"안동 최 부자가 좋을 듯합니다."

옆에 있던 부하가 말했습니다.

"아니다. 그걸로는 모자란다. 해인사로 가자."

홍길동이 힘찬 목소리로 말했습니다.

"해인사로요?"

부하들은 놀라서 눈이 휘둥그레졌습니다.

"경상도에서 재물 많기로는 해인사가 으뜸이다. 자, 가자."

해인사 어귀에 다다른 홍길동은 부하들을 숲에 숨겨 두고 해인사로 올라갔습니다.

양반집 아들 차림으로 변장한 홍길동 뒤에는 평민 차림을 한 부하가 쌀가마를 지고 따

랐습니다.

　홍길동은 절 구경을 하는 듯 여기저기 둘러보다가 한 스님을 불렀습니다.

　"절이 조용하고 넓습니다."

　스님은 홍길동 일행을 자세히 살피더니 얼굴이 환해졌습니다. 부잣집 아들 같아 보였기 때문입니다.

　"네. 공부를 하시게요?"

　스님이 말했습니다.

　"내가 조용한 글방을 찾는 줄 어찌 알았소. 하하하."

　홍길동이 점잖게 말했습니다.

　"얼굴을 보면 알 수 있지요."

　"내가 시주를 좀 하고 싶소. 쌀 이백 가마쯤 준비했는데……."

　"이백 가마요?"

　스님의 두 눈이 휘둥그레졌습니다.

"어서 안으로 드시지요. 주지 스님께 안내하겠습니다."

"아니오. 주지 스님께는 스님이 말씀드리십시오. 그런데 한 가지 부탁이 있습니다. 글방에 들어가는 날. 지금 갖고 온 쌀로 잔치나 열어 주십시오."

"아이고. 별말씀을요. 주지 스님께 말씀드려 소홀함 없이 준비하겠습니다."

스님이 허리를 굽실거리며 말했습니다.

"이틀 뒤에 오겠습니다."

홍길동은 계속 굽실거리는 스님 앞에 쌀 지게를 내려놓고 돌아갔습니다.

홍길동은 정확히 이틀 뒤에 해인사를 찾아갔습니다. 스님은 절 뒷산 넓은 소나무 숲에 잔칫상을 차려 놓고 홍길동 일행을 맞이했습니다.

"스님. 정성이 대단하십니다. 진수성찬입니다."

홍길동이 감탄을 했습니다.

"아닙니다. 너무 보잘것없어 뵐 낯이 없습니다."

"자. 드십시다."

주지 스님이 말하자 모두 자리에 앉아 음식을 먹기 시작했

습니다. 홍길동은 점잔을 빼며 음식을 먹었습니다. 그러다가 미리 준비해 간 왕모래를 우지끈 씹었습니다.

"아니, 이런 불경스러운 일이 있나. 음식에 모래를 넣다니!"

홍길동이 호통을 치자 스님들은 어쩔 줄 몰라 했습니다.

"내 정성 들여 음식을 장만하라 했는데 어찌 된 일이냐?"

주지 스님도 당황했습니다. 그때에는 스님이 양반보다 지위가 낮았기 때문에 양반에게 함부로 대할 수 없었습니다.

"내 이놈의 중들을 그냥 안 둘 테다. 나를 모욕해도 분수가 있지. 여봐라. 이들을 묶어라!"

홍길동이 성난 목소리로 말하자, 숲 속에 숨어 있던 부하들이 뛰어나와 순식간에 스님들을 모두 묶었습니다.

"내 이름은 홍길동이다. 해인사에 재물이 많다기에 가난한 사람들에게 나눠 주려고 왔다. 백성들은 굶주리고 있는데 중들은 나날이 돼지처럼 살이 쪄서야 되겠는가?"

그제야 주지 스님은 속았다고 이를 바드득 갈았습니다.

홍길동과 부하들은 해인사 창고를 열어 쌀과 옷감을 하나도 남김없이 꺼내 갔습니다.

이때부터 아무것도 남기지 않고 송두리째 빼앗아 갈 때에나, 상 위에 있는 음식을 남김없이 다 먹으면 '홍길동 합천 해인사 털어먹듯'이라고 했습니다. 그리고 이 말이 사람들 입으로 전해지면서 속담이 되었답니다.

춘향이 집 가는 것 같다

옛날 전라도 남원 땅에 춘향이라는 예쁜 처녀가 살았습니다. 춘향이 어머니는 관청 잔치에 흥을 돋우는 기생이었는데, 나이가 들어 집에서 지냈습니다.

남원 고을 사또에게는 아들이 하나 있었는데, 이름이 이몽룡이었습니다.

5월 단옷날, 글공부를 하던 이몽룡은 바람을 쐬려고 밖에 나왔다가 그네를 타고 있는 춘향이를 보았습니다.

"여봐라, 저기 그네를 타는 낭자가 보이느냐?"

이몽룡이 손끝으로 가리키며 말했습니다.

"어디 말입니까? 아, 보입니다요. 헤헤."

이몽룡의 시중을 드는 방자가 말했습니다.

"참 곱기도 해라. 저 낭자가 누구인 줄 아느냐?"

"소인이 아녀자 이름을 어찌 알겠습니까? 한번 알아볼까요?"

"그래, 냉큼 다녀오도록 해라."

이렇게 해서 춘향이와 이몽룡이 만나게 되었습니다.

"춘향아, 네 집이 어디냐?"

이몽룡이 다정하게 말했습니다.

"네, 저희 집은 저 건너 돌다리 위에 한 골목 두 골목 지나 조방청 앞으로 홍살문 뒤로 돌아 큰길 냇가로 올라가서 향교(옛날 학교)를 바라보고 동단길로 접어들면 모롱이 집 다음 집 옆댕이 집 구석 집 건너편 군청골 서편골 남쪽 두 번째 집 뒤 배추밭 사이로 가다가 김 서방 집 바라보고 최급창이 누이 집 사잇길 들어 사거리 지나서 북잣골 막다른 집입니다."

춘향이 다소곳하게 말했습니다.

"좀 쉽게 말할 수 없느냐. 어디 어려워서 찾아가겠느냐?"

"저 건너 돌다리……."

"그만. 그만. 그러지 말고 네가 앞장서라. 함께 가 보자꾸나."

"지금 저희 집을 가시겠다고요?"

춘향이 놀라서 말했습니다.

"그래야 장모님한테 인사를 드릴 것이 아니냐."

이몽룡이 빙그레 웃으며 말했습니다.

"장모님이라고요? 그럼 저한테 청혼하겠다는 말씀이십니까?"

춘향이는 볼이 발갛게 달아올랐습니다.

"쇠뿔도 단김에 빼라는 말도 있지 않더냐. 어서 앞장서거라."

"아니 되옵니다. 저는 천한 집에서 태어났는데. 어찌 가문 높은 도련님을 넘볼 수 있단 말입니까? 저를 놀리지 마십시오."

"아니다. 나도 이제 어엿한 성년으로. 부모 허락 없이도 혼인할 나이가 되었다."

이몽룡은 어렵게 춘향이를 설득해서 집을 찾아가는데, 가는 길이 하도 복잡해서 두 번 다시 찾아가지 못할 것 같았습니다.

집을 찾아가기가 어렵거나 복잡한 길을 갈 때 '춘향이 집 가는 것 같다.'라고 하는 속담은 이렇게 해서 생겼답니다.

춥기는 사명당 사첫방이라

조선 시대 임진왜란 때 이야기입니다.

어느 날, 이웃 섬나라 왜놈들이 우리나라에 쳐들어와 전쟁을 일으켰습니다. 우리나라 백성들은 온 힘을 모아 왜놈들을 몰아냈습니다.

그러나 갑작스러운 왜놈들의 침입으로 임금인 선조는 우리나라 북쪽 끝인 의주로 피난을 갔습니다. 이때, 많은 백성들이 왜놈들에게 끌려갔습니다.

"누가 일본에 끌려간 백성들을 구해 올꼬!"

선조는 가슴을 치며 말했습니다.

그러나 일본에 가겠다고 선뜻 나서는 사람이 없었습니다.

잘못하면 무지막지하고 예의도 모르는 왜놈들에게 죽을 수도 있기 때문이지요.

"제가 다녀오겠습니다."

이때 용감히 나선 사람은 다름 아닌 스님이었습니다.

왕과 신하들이 다 도망갔을 때 왜놈들과 맞서 힘차게 싸운 '사명당'이라는 스님이었지요.

사명당은 도를 많이 닦아 도술도 부리고 무술도 뛰어났습니다. 왜왕은 사명당이 사신으로 온다는 소식을 듣고 기분이 나빴습니다.

"아니. 그 중놈이 사신으로 온다고? 내 실컷 골탕 먹이리라."

왜왕은 조선에 쳐들어갔다가 사명당에게 크게 당했던 분풀이를 하려고 단단히 별렀습니다.

사명당은 배를 타고 일본으로 건너갔습니다.

"이런 고얀 놈. 우리나라를 쑥밭으로 만들어 놓고 그것도 모

자라 아무 죄도 없는 백성들을 잡아갔느냐! 어서 백성들과 사죄의 선물을 내놓아라!"

사명당은 일본에 도착하자마자 왜왕에게 호통을 쳤습니다.

"네 재주가 조선에서는 으뜸이라고 하지만. 여기에도 너만 한 인물은 셀 수 없이 많다. 어디 한번 재주를 겨뤄 보자!"

왜왕도 지지 않고 말했습니다.

"좋다. 네 코를 납작하게 만들어 주마."

왜왕은 일본에 와서도 큰소리치는 사명당을 보고 화가 머리 끝까지 났습니다.

"여봐라. 저놈을 당장 숯불에 태워 죽여라!"

왜놈들은 궁궐 한가운데에 숯을 산더미처럼 쌓아 놓고 불을 붙였습니다. 순식간에 숯불이 이글이글 타올랐습니다. 힘센 장수 몇 명이 우르르 달려들더니 사명당을 밧줄로 묶고 숯불 속으로 던져 버렸습니다.

그러나 불 속에 던져진 사명당은 자세를 바로 하고 팔만대장경을 외웠습니다.

"소나기다!"

갑자기 맑은 하늘에서 난데없는 소나기가 숯불 위로 쏟아졌습니다. 그러더니 곧 숯불이 꺼졌습니다.

"하하하!"

사명당이 큰 소리로 웃었습니다. 사명당은 털끝 하나 타지 않고 멀쩡했습니다. 왜놈들은 간이 콩알만 해지도록 놀랐습니다.

"저놈을 구리 방에 가둬라."

왜왕이 다시 명령을 내렸습니다. 사명당은 또 무슨 흉계를 꾸미나 싶었지만 아무 말 없이 구리 방에 들어갔습니다.

사명당이 구리 방에 들어가자 문이 철커덕 닫혔습니다. 그러자 왜놈들이 사방에서 불을 땠습니다. 구리는 열을 빨리 전달하기 때문에 구리 방은 금세 벌겋게 달아올랐습니다.

사명당은 이런 일에 대비해서 미리 준비해 온 게 있었습니다. 가슴에서 종이를 꺼낸 사명당은 방 벽과 천장, 방바닥에 붙였습니다. 종이에는 서리를 뜻하는 '상(霜)'이라는 한자가 씌어 있었습니다. 사명당은 종이 하나를 더 꺼내 방석으로 삼아 깔고 앉아서 염불을 외웠습니다. 방 안은 금세 얼음판이 되었습니다.

구리 방 밖에서는 왜놈들이 땀을 뻘뻘 흘리며 불을 때고 있었

습니다. 산더미 같던 땔감을 다 쓰고 나서 구리 방이 식는 데에도 하루가 걸렸습니다.

"여봐라, 문을 열어 봐라. 제아무리 날고 기어도 뼈도 안 남았을 것이다."

왜왕의 명령에 신하가 방문을 활짝 열었습니다.

방 안을 들여다본 왜왕과 신하들은 뒤로 나자빠질 뻔했습니다. 사명당이 머리에 허옇게 서리를 뒤집어쓰고 수염에 고드름까지 달고 앉아 있었기 때문입니다.

"어이, 추워서 혼났네. 하하하!"

사명당이 큰 소리로 웃었습니다.

왜왕은 사명당 앞에 무릎을 꿇고 항복하고 말았습니다.

사명당은 끌려갔던 백성들과 사죄의 선물로 받은 진귀한 보물을 가지고 우리나라에 돌아왔습니다.

이때부터 방이 무척 추울 때 '춥기는 사명당 사첫방이라.'라는 말을 했답니다. 속담은 이런 이야기들이 입에서 입으로 전해지면서 생겨난 것입니다.

비슷한 뜻을 지닌 속담

춥기는 삼청 냉돌이라.
강원도 안 가도 삼척.

황희 정승네 치마 하나로
세 어미 딸이 입듯

조선 세종 임금 때 영의정을 지낸 황희 정승은 부를 탐하지 않고 정직하게 살았습니다. 간신들의 모함을 받아 여러 번 귀양도 갔다 오고 벼슬도 끊겼지만, 곧은 성품과 검소한 생활 덕분에 결국 영의정 벼슬까지 오르게 되었지요.

어느 날 아침, 황희 정승 집에서 일하는 하인이 마당을 쓸고 있을 때였습니다.

"여기가 황희 정승 댁 맞죠?"

한 남자가 대문을 살짝 열고 고개를 들이밀며 말했습니다.

"그렇습니다만, 무슨 일이세요?"

하인이 비질을 멈추고 말했습니다.

"아. 이거 고등어인데 아주 싱싱해서요. 한번 구워 드시라고 이렇게 갖고 왔어요."

남자가 머리를 긁적이며 말했습니다.

"우리 대감마님은 이런 것 절대로 안 받으니까. 정성은 고맙지만 그냥 돌아가세요."

"아. 뭘 부탁하려고 그러는 게 아니에요. 나라를 잘 다스려 주셔서 고마워서 그래요. 받아 주세요."

그러나 하인은 끝내 받지 않았습니다. 거절하기가 힘들어 몇 번 물건을 받아 두었다가 황희 정승에게 밤새도록 혼난 적이 있기 때문입니다.

"밖에 누가 오셨냐?"

밖이 소란스럽자 황희 정승이 방문을 열고 말했습니다.

"아. 아닙니다. 대감마님."

하인은 대문을 쾅 닫고 집 안으로 들어갔습니다.

'이걸 어쩐다. 그냥 갖고 가기도 그렇고. 에라. 여기다 걸어 놓고 가자.'

남자는 대문에 비어져 나와 있는 나무못에 고등어를 매달아 놓고 돌아갔습니다.

대문을 드나들 때마다 고등어가 매달려 흔들렸지만 황희 정승은 본체만체했습니다.

그러나 황희 정승이 정직하고 검소하게 사는 것을 나쁘게 생각하는 신하들이 있었습니다. 가장 높은 벼슬에 있는 황희 정승이 재물에 욕심이 없어 뇌물을 받지 않으니, 자기네들도 뇌물을 마음대로 받을 수 없었기 때문입니다. 그래서 임금에게 황희 정승이 겉과 속이 다른 위선자라고 모함하기도 했습니다.

그리고 어느 날부터 이상한 소문이 퍼졌습니다.

"영의정 댁이 겉보기는 그래도 장롱 안에는 금덩어리와 온갖 비단들이 쌓여 있대."

임금은 이 소문을 듣고 아주 기분이 상했습니다. 그래서 나랏일을 끝내고 날이 어두워지기를 기다린 다음. 신하를 불렀습니다.

"여봐라. 내 오늘 영의정 집을 가 보려고 하니 어서 채비를 차려라."

임금과 신하가 황희 정승 집 대문에 다다르자 고등어 썩는 냄새가 코를 찔렀습니다.

"허어. 무슨 냄새가 이리 지독한고!"

임금이 코를 감싸 쥐며 말했습니다.

"대문에 고등어가 썩은 채로 매달려 있습니다."

신하가 말했습니다.

"무슨 사연이 있는 게로군."

임금은 신하에게 대문을 두드리게 했습니다.

"아니, 기별도 없이 어인 일이십니까?"

황희 정승은 임금을 보고 깜짝 놀랐습니다.

"허어. 내 황 정승과 그런 사이인가. 저녁이 하도 적적하여 놀러 왔소."

황희 정승은 얼른 임금을 안방에 모셨습니다.

"집이 누추하여 몸 둘 바를 모르겠습니다."

"걱정 말고 편히 앉으시오. 그런데 왜 고등어를 대문에 걸어 놓았소?"

임금이 말했습니다.

"네. 누가 잃어버렸나 봅니다. 주인이 안 나타나서 그대로 놔두었습니다."

"허어. 그냥 구워 드시지 그랬소. 하여간 황 정승 고집도 대단하오."

"얘들아. 임금님께서 오셨으니 다들 나와서 인사를 드려라."

황희 정승이 큰 소리로 말했습니다.

그런데 이거 큰일 났습니다. 워낙 검소하게 사는 살림이라 황희 정승 부인은 물론이고 딸들도 변변한 옷이 없었습니다.

저고리는 어떻게 입겠는데. 치마는 입을 만한 게 하나밖에 없었습니다. 다른 치마는 누덕누덕 기운 거라 감히 입고 나설 처지가 못 되었습니다.

'아이고. 이를 어쩌나.'

황희 정승 부인은 어떻게 해야 할지 몰라 우물쭈물하고 있었습니다.

"아. 뭣들 하느냐. 어서 인사 올리지 않고!"

황희 정승은 임금을 기다리게 하는 것이 미안해서 재촉했습니다.

황희 정승의 부인은 딸들을 불러 놓고 말했습니다.

"너희들은 내가 인사 올리고 온 다음에 인사를 드리도록 해라."

먼저 황희 정승 부인이 들어와 공손하게 절을 했습니다. 그리고는 얼른 윗방으로 들어가 치마를 벗어 큰딸에게 주었습니다. 큰딸은 재빨리 치마를

입고 나와 임금 앞에 절을 올렸습니다.

그런데 너무 급하게 입는 바람에 그만 치마를 뒤집어 입고 나왔습니다.

큰딸이 절을 올리고 윗방으로 사라지자 부스럭거리는 소리가 나더니, 곧이어 작은딸이 큰딸이 입었던 치마를 질질 끌며 나와 절을 했습니다. 작은딸에게는 치마가 너무 길었던 것입니다.

임금은 터져 나오려는 웃음을 애써 참으며 말했습니다.

"황 정승은 과연 청백리요. 치마 하나 갖고 어미와 두 딸이 함께 입다니. 그런데 누가 황 정승 집에 비단이 쌓여 있다고 말을 한단 말이오!"

청백리란 재물에 대한 욕심이 없는 곧고 깨끗한 관리를 일컫는 말입니다.

이 일이 사람들에게 알려진 뒤부터 옷 하나 갖고 여럿이 입으면 '황희 정승네 치마 하나로 세 어미 딸이 입듯' 한다는 말을 하게 되었답니다.

능참봉을 하니까 거둥이 한 달에 스물아홉 번이라

영조는 조선의 21대 임금입니다. 영조 임금에게는 아주 영특하고 재주 많은 아들이 있었습니다. 늦게 얻은 자식이라 영조 임금의 사랑을 듬뿍 받고 자랐습니다. 이 아들은 일찍감치 임금 자리를 물려받게 될 왕세자로 정해졌습니다. 똑똑한 왕세자는 영조 임금 대신 왕의 일을 맡아 하기도 했습니다.

그런데 영조 임금 밑에서 세력을 잡아 권력을 누리고 싶어하는 무리들에게는 왕세자가 눈엣가시였습니다. 그래서 왕세자를 모함했습니다.

"왕세자를 벌해야 합니다. 왕세자는 임금님을 해치려 하고 있습니다."

"뭐. 나를? 왕세자를 당장 뒤주에 가둬라!"

죄가 없는 왕세자는 간신들의 거짓 모함에

쌀을 넣어 보관하는 뒤주에 갇혀 젊은 나이에 굶어 죽었습니다. 이 왕세자가 바로 사도세자였습니다.

영조 임금의 뒤를 이어 왕이 된 정조 임금은 사도세자의 아들이었습니다. 정조 임금은 남달리 부모에 대한 효성이 지극했습니다. 그래서 아버지인 사도세자의 한스러운 죽음을 한시도 잊지 못했습니다.

"여봐라. 벽파 일당을 잡아들여라."

정조는 왕위에 오르자 가장 먼저 간신들을 몰아냈습니다. 벽파는 영조 임금 때 사도세자를 죽음으로 몰아간 사람들이었습니다.

간신들을 모두 몰아낸 정조 임금은 아버지인 사도세자의 무덤을 수원에 새로 모셨습니다. 그리고 수원성을 만들어 수원에 머무르면서 아버지 무덤 곁에 있을 때가 많았습니다. 정조 임금은 수도를 아예 수원으로 옮기려고까지 했습니다.

이때, 수원 근처에 아주 가난한 선비가 살고 있었습니다.

"여보, 이러고만 있을 거예요? 어디 가서 벼슬이라도 하나 얻어야지요."

하루는 부인이 한숨을 쉬며 말했습니다. 살 궁리는 않고 날마다 책만 읽고 있는 선비가 한심했던 것입니다.

"때가 되면 나도 벼슬 한자리하겠지요. 우리 조금만 더 참아 봅시다."

그러나 벼슬자리는 쉽게 나지 않고 살림은 더욱 쪼들리기만 했습니다.

수원에 모신 사도세자의 무덤은 융릉이라 불렸습니다. 그런데 그 능을 지킬 사람이 필요했습니다.

"능을 지킬 사람으로 누가 알맞겠느냐?"

하루는 수원성에 내려와 있던 정조 임금이 신하에게 물었습니다.

"이 마을에 선비가 하나 살고 있는데. 그 사람이 좋을 것 같사옵니다."

"그럼 그 선비를 불러 능을 잘 관리하게 하여라."

가난한 선비는 이렇게 해서 사도세자의 능을 관리하는 참봉이라는 벼슬을 얻었습니다. 참봉은 종9품으로 벼슬 중에서 가장 낮은 자리였지만. 선비는 무척 기뻤습니다.

능참봉은 아주 편한 벼슬이었습니다. 무덤 주위에 난 잡초를 뽑거나. 누가 무덤 주위에 있는 나무를 베어 가지 않나 지키거나. 못된 도적이 무덤을 파헤치는 것을 막기만 하면 되었습니다. 이따금 능을 찾아오는 사람들을 안내하는 것도 능참봉의 일 가운데 하나였습니다.

그런데 모처럼 얻은 능참봉 일이 여간 바쁜 게 아니었습니다. 효성이 지극한 정조 임금이 날마다 능에 참배를 오는 바람에 잠시도 쉴 틈이 없었던 것입니다. 정조는 연락도 없이 이른 아침이나 늦은 밤에도 찾아와 아버지 무덤 옆에 앉아 있다 가곤 했습니다.

능참봉은 늘 임금을 맞이할 준비를 해야 했기 때문에 여간 고달픈 게 아니었습니다. 오랜만에 벼슬자리 하나 얻은 게 이 모양이니 한숨만 푹푹 나왔습니다.

오랫동안 기다린 끝에 일을 하여 좋아했더니만 그 일이 괴롭고 힘들어 얻는 게 없을 때를 일컫는 속담인 '능참봉을 하니까 거둥이 한 달에 스물아홉 번이라.'라는 말은 이렇게 해서 생겼습니다. 참. 거둥이란 임금의 나들이를 뜻하는 말이랍니다.

복 없는 정승은 계란에도 뼈가 있다

　세종 때 영의정을 지낸 황희는 마음이 착하고 검소하기로 유명했습니다. 영의정은 벼슬 가운데 가장 높은 벼슬입니다. 그래서 사람들은 황희 정승에게 잘 보여 조그만 벼슬자리라도 하나 얻으려고 선물을 가져왔으나, 누구도 대문 안으로 들어갈 수 없었습니다.
　임금은 황희 정승이 가난하게 살고 있다는 소식을 듣고 어떻게 도와줄 방법이 없을까, 하고 궁리했습니다. 그러다가 어느 날 황희 정승을 불렀습니다.
　"내가 정승을 돕고 싶은데 어떻소?"
　"전하, 보살펴 주시는 은혜 하늘과 같사오나, 저는 가난하게 사는 게 더 마음 편하옵니다."

"아니오. 그렇게 살림이 어려운데 어찌 나랏일에만 힘을 쏟을 수 있겠소?"

"황공하옵니다. 전하!"

"내게 좋은 생각이 있으니 황 정승은 그대로 따르시오!"

"전하. 그냥 이대로가 좋으니 너무 신경 쓰지 마시옵소서."

"어허. 무슨 말인가. 내 명령을 거역할 셈이오. 다음 장날이 언제인고?"

"스무하룻날입니다."

옆에 있던 신하가 냉큼 대답했습니다.

"다음 장날에 동·서·남 세 방향의 대문인 흥인지문. 돈의문. 숭례문 안으로 들어오는 쓸 만한 물건은 모두 황희 정승에게 갖다 주어라!"

그때 한양에는 사대문이 있었는데. 북쪽 대문은 숙정문이었습니다. 그런데 숙정문은 죽은 사람을 실어 내가는 문이었기 때문에 북쪽 대문은 뺀 것입니다.

"아니 되옵니다. 전하."

황희 정승은 당황해서 어쩔 줄 몰라 했습니다. 그러나 세종 임금은 꼭 그렇게 하도록 신하에게 일렀습니다.

장날이 내일로 다가오자 임금은 각 대문을 지키는 수문장들을 불러 돈 꾸러미를 주며 말했습니다.

"내일 새벽부터 들어오는 모든 물건을 사서 황희 정승 집에 갖다 놓으라."

수문장들은 영문을 몰라 고개를 갸웃하며 서로의 얼굴을 쳐다보았습니다.

"내일 하루 동안 들어오는 물건이 엄청날 텐데. 그걸 다 황희 정승 댁에 갖다 놓습니까?"

"아무튼 그렇게 하게."

수문장들은 '참 별일이다.' 생각하면서 돈 꾸러미를 들고 돌아갔습니다.

장날 아침이 되었습니다.

휘이익— 우르르 쾅쾅!

아니. 이게 웬일입니까. 꼭두새벽부터 비바람이 불고 천둥번개가 요란하게 쳤습니다. 비바람이 몰아치는데 장이 설 리 없고. 그러다 보니 물건 팔러 나온 사람도 없었습니다.

"에이. 황희 정승은 복도 없지. 오늘 같은 날 비바람이 불 게

뭐람."

동·서·남 세 대문의 수문장들은 안타까워하며 혹시라도 물건 팔러 나온 사람이 없나 고개를 빼고 두리번거렸습니다.

그러나 하루 종일 기다려도 개미 새끼 하나 얼씬거리지 않았습니다. 날이 어둑어둑해지자 비바람은 더욱 거세졌습니다. 수문장들이 문을 닫고 돌아가려고 할 때였습니다.

한 노인이 손에 웬 꾸러미를 들고 동쪽 대문에서 급히 들어왔습니다.

"영감님. 손에 든 게 뭐요?"

동쪽 대문 수문장이 반갑게 말했습니다.

"아. 이거요. 급히 돈 쓸 일이 있어 팔려고 가져왔소."

노인이 내민 것은 계란 꾸러미였습니다.

"그거 내게 파시오. 지금 들어가도 장꾼이 없으니 나에게 주고 가시오. 값은 달라는 대로 드리리다."

동쪽 대문의 수문장은 노인에게 산 계란 한 꾸러미를 들고 황희 정승 집에 갔습니다.

"오늘 대문 안으로 들어온 것이 겨우 계란 한 꾸러미뿐입니다."

"아니. 계란 한 꾸러미가 어때서 그러나. 삶아서 같이 먹고 가게나."

"아. 아닙니다. 정승 나리. 식구끼리 삶아 드십시오."

"아니네. 금방 되네."

황희 정승은 하인을 불러 계란을 삶아 오라고 했습니다.

그러나 막상 먹으려고 하니. 계란이 모두 곯아서 먹을 것이 없었습니다.

동쪽 대문 수문장이 황희 정승의 집을 나오자마자 혀를 끌끌 찼습니다.

"아이고. 황희 정승은 지지리 복도 없어."

이때부터 모처럼 좋은 기회를 잡았지만 뜻대로 되지 않을 때 '복 없는 정승은 계란에도 뼈가 있다.'라는 말을 하게 되었답니다.

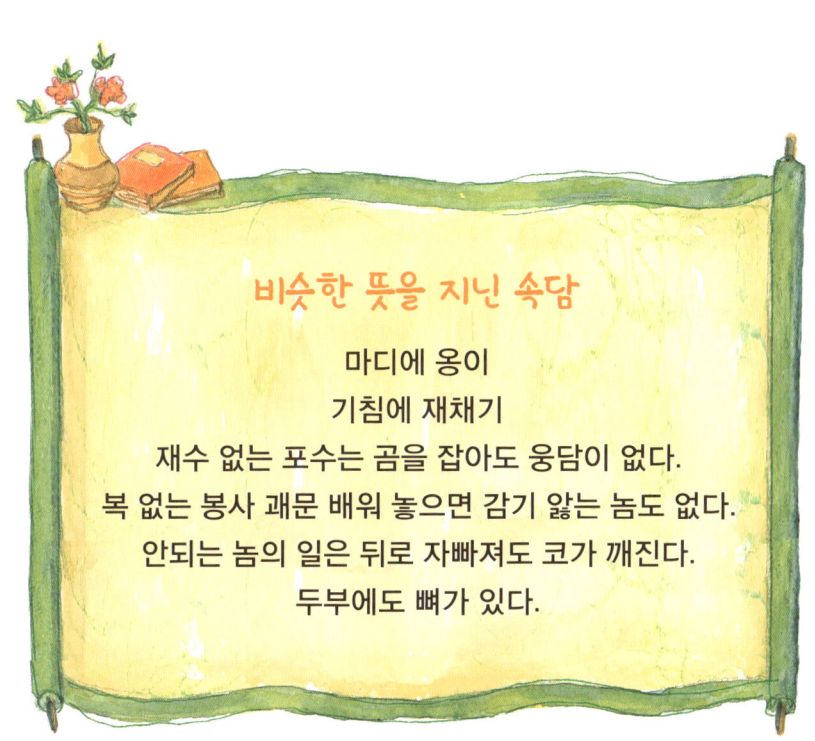

비슷한 뜻을 지닌 속담

마디에 옹이
기침에 재채기
재수 없는 포수는 곰을 잡아도 웅담이 없다.
복 없는 봉사 괘문 배워 놓으면 감기 앓는 놈도 없다.
안되는 놈의 일은 뒤로 자빠져도 코가 깨진다.
두부에도 뼈가 있다.

함흥차사

함흥은 우리나라 북쪽 끝에 있는 고을 이름입니다. 조선을 세운 태조 이성계는 함흥에서 나고 자랐습니다.

태조는 우리 민족을 괴롭히는 여진족도 몰아내고 왜구도 물리쳤습니다. 그러다가 고려를 멸망시키고 조선을 세워 임금이 되었습니다.

나이가 들어 임금 자리를 아들에게 넘겨준 태조는 함흥으로 돌아와서 살았습니다. 함흥에서 살고 싶은 게 아니었습니다. 자식들이 서로 죽이고 난리를 일으키니, 자식들이 꼴 보기 싫어서 한양을 떠난 것입니다.

태조에게는 부인이 둘 있었습니다. 첫째 부인은 아들 여섯을 낳았고, 둘째 부인은 둘을 낳아 아들이 모두 여덟 명이었습니다. 아들이 이렇게 많으니 누구에게 임금 자리를 넘겨주느냐로 태조는 골머리를 앓았습니다.

다음 대를 이를 임금을 미리 정하는 것을 세자 책봉이라고 하는데, 둘째 부인의 간곡한 부탁으로 그만 막내가 세자가 되었습니다. 다른 아들들은 화가 단단히 났습니다. 특히 다섯째 아들인 방원이 가장 화가 많이 났습니다.

방원은 군사를 이끌고 가서 세자 방석과 방번을 죽이고, 둘째 형인 방과에게 왕권을 주었습니다. 자기가 금방 임금이 되면 다른 형들이 싫어할 테니까요. 이렇게 해서 조선의 두 번째 임금으로 정종이 들어섰습니다.

그러나 정종은 3년 동안 허수아비 같은 임금 노릇을 하다가, 왕위를 넘겨주었습니다. 이렇게 해서 방원은 조선의 3대 임금이 되었습니다. 하지만 그사이에 넷째인 방간이 임금 자리를 차지하려고 또 한 번 소란을 일으켰다가, 방원에게 붙잡혀 멀리 귀양을 갔습니다.

태종은 왕위에 있으면서 늘 아버지 때문에 마음이 아팠습니다. 그래서 용서를 빌고 다시 궁궐로 모시려고 신하를 함흥

으로 보냈습니다. 이 일을 맡은 신하에게는 '차사'라는 벼슬을 주었습니다. 차사란 중요한 일을 위해 파견하던 임시직이었습니다.

태조 이성계는 차사가 오면 말도 꺼내기 전에 활을 쏘아 모두 죽여 버렸습니다. 이때부터 한 번 가면 돌아오지 않는 사람을 가리켜 '함흥차사'라고 했습니다.

신하들은 차사가 되어 함흥에 가길 꺼려했습니다. 함흥차사가 되면 죽은 목숨이나 다름없었으니까요. 태종도 신하들에게 함흥차사 이야기를 쉽게 꺼내지 못했습니다.

"제가 함흥에 다녀오겠습니다."

태종이 고민하는 것을 알고 한 신하가 용감하게 나섰습니다.

"아니, 공은 안 되오. 내가 공마저 잃으면 누구와 나랏일을 돌보겠소!"

태종은 펄쩍 뛰었습니다.

"상왕(임금의 아버지)의 마음을 돌릴 수 있는 사람은 저밖에 없습니다. 허락해 주십시오."

이 일을 맡고자 나선 박순은 이성계와 아주 친한 친구였습니다.

"공은 안 되오. 공은 기쁠 때나 슬플 때나 늘 나와 함께해 주었소."

"제가 꼭 상왕을 모시고 돌아오겠습니다."

박순은 물러설 기미가 보이지 않았습니다.

"하는 수 없군요. 그럼 몸조심해서 다녀오도록 하시오."

서울에서 함흥까지는 결코 짧은 길이 아니었습니다. 험한 고개와 큰 강도 여러 번 넘고 건너야 했습니다.

한편. 태조 이성계는 아들이 보낸 차사를 모두 죽였으나 마음이 편하지는 않았습니다.

어느 날. 이성계가 대청에 올라 멀리 남쪽을 바라보니 누군가 말을 타고 달려오고 있었습니다. 자세히 보니 말에게는 망아지가 딸려 있었습니다. 그런데 새로 오는 차사는 동구 밖에 이르러 망아지를 혼자 나무에 매어 놓고 오는 것이었습니다. 망아지는 어미 말과 떨어지자 큰 소리로 울었습니다.

"대왕마마. 저 박순입니다."

성 바로 밑에서 박순이 위험을 무릅쓰고 말했습니다.

"지난번처럼 활을 쏠까요?"

이성계 옆에 서 있던 군사가 말했습니다.

"아닐세. 박순은 나와 오랜 친구가 아닌가."

"정에 약해지시면 안 됩니다."

"술 한잔 마시고 돌아갈 때 죽여도 늦지 않을 걸세. 난 저 친구와 오랜만에 술 한잔 하고 싶네."

이성계가 말했습니다.

"여봐라. 문을 열어 줘라."

옆에 서 있던 군사가 소리쳤습니다.

박순이 들어오자 이성계가 반갑게 맞이했습니다.

"어서 오게. 함흥까지 오느라 수고가 많았네."

"이곳에서 지내기가 적적하지 않으십니까?"

박순이 고개를 숙여 인사를 한 뒤 말했습니다.

"자. 한잔 들게."

술상이 들어오자 이성계가 말했습니다.

"아닙니다. 제가 한잔 올리겠습니다."

"그러지. 자네와 이렇게 마주 앉아 술을 마시는 것도 꽤 오랜만이군."

"정말 세월은 물과 같이 흘러갑니다."

박순이 말했습니다.

"그런데 자네는 왜 동구 밖에다 망아지를 묶어 두고 어미 말만 타고 들어왔나?"

태조 이성계가 문득 생각난 듯 말했습니다.

"보셨습니까? 망아지가 어떻게 하고 있습니까?"

"울고불고 난리더군."

"동물인 말도 부모와 떨어지면 저렇게 애타게 찾는데 하물며 사람은 어떻겠습니까?

이제 그만 노여움을 풀고 한양으로 돌아가시지요."

박순이 조심스레 말했습니다.

"그런 말 하려거든 그만 돌아가게나!"

이성계가 큰 소리로 말했습니다.

"아닙니다. 이제 궁으로 들어가셔야 합니다."

"가서 쓸데없는 일 그만두라고 전하게. 나는 여기가 좋네. 여기서 태어났으니, 여기서 죽겠네."

이성계가 단호하게 말했습니다.

"임금께서 마음이 편하지 않으십니다. 임금의 마음을 편하게 해 드리는 것이 신하 된 도리입니다."

박순도 죽을 각오를 하고 당차게 말했습니다.

"그런 소리 자꾸 하려거든 어서 돌아가게. 내 여기 심부름 온 자들은 모두 죽여 보냈으나. 차마 자네만은 그럴 수 없어 고이 보내니. 어서 돌아가게."

"여기서 살아 돌아간다면 임금 뵐 낯이 없습니다. 차라리 죽여 주십시오."

박순이 고개를 깊이 숙였습니다.

"내 어찌 자네를 죽일 수 있나. 어서 돌아가시게."

이성계가 조금 누그러진 목소리로 말했습니다. 박순은 하는 수 없이 발걸음을 돌렸습니다.

그러자 이성계를 모시고 있던 군사들이 들고일어났습니다.

"전하. 왜 저자는 그냥 내버려 두십니까?"

한 군사가 흥분한 목소리로 말했습니다.

"그렇습니다. 저자도 다른 차사들처럼 죽여야 합니다."

또 다른 군사가 맞장구를 쳤습니다.

"전하께서 만드신 규칙을 사사로운 감정으로 어기신다면 차사들이 또다시 올 것입니다."

군인들이 앞다투어 한마디씩 했습니다.

"그대들 뜻이 그렇다면 죽이도록 하라. 그런데 박순은 나의 오랜 친구이니 남쪽 용흥강을 건넜거든 죽이지 말고. 용흥강을 미처 건너지 못했으면 죽이도록 하거라."

이성계는 박순이 용흥강을 건넜을 거라고 믿었습니다. 박순만큼은 살리고 싶었던 것입니다.

군사들이 말을 타고 쏜살같이 달려갔습니다. 용흥강에 도착해 보니 박순은 막 배에 오르려는 순간이었습니다. 군사들은 박순을 단칼에 베어 버렸습니다.

이 소식을 들은 이성계는 마음이 무척 아팠습니다.

"아. 하늘도 무심하시지. 사람 목숨은 하늘에 달렸다더니……."

이 일이 있고 난 뒤에도 함흥차사는 모두 돌아오지 못하고 죽임을 당했습니다.

이때부터 심부름을 시켰는데 아무리 기다려도 돌아오지 않을 때 '함흥차사'라는 말을 썼답니다.

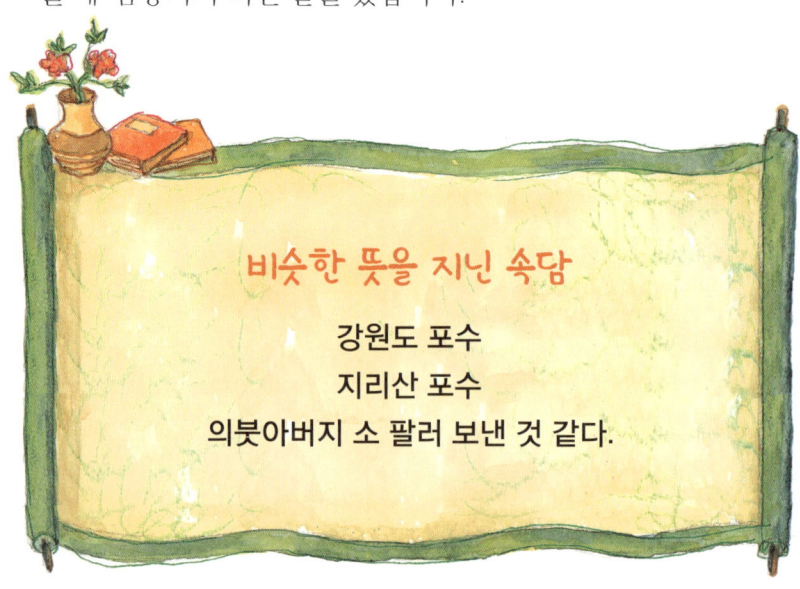

비슷한 뜻을 지닌 속담

강원도 포수
지리산 포수
의붓아버지 소 팔러 보낸 것 같다.

손돌 추원가

고려 시대 때 중국 원나라가 쳐들어왔습니다. 원나라는 몽고족이 세운 나라입니다. 우리나라 장수들은 용감하게 싸웠지만, 몽고족의 힘에 밀려 후퇴하고 말았습니다.

"상감마마, 어서 피신을 하셔야 합니다."

신하들이 임금에게 다급히 말했습니다.

"어찌 적의 말발굽에 짓밟히는 백성들을 두고 나 혼자 살겠다고 피신한단 말이오."

"일단 피하신 뒤 기회를 봐서 적과 맞서는 것이 옳다고 생각하옵니다."

"경들 생각이 그러하니 내 피하긴 하겠지만, 어찌하여 이

지경이 되었단 말이오?"

임금은 한탄을 했습니다.

"전하, 몸 둘 바를 모르겠사옵니다."

"그래, 어디로 피하면 좋겠소?"

"몽고족은 바다를 본 적이 없기 때문에 바다를 무척 무서워합니다. 그러하니 개성에서 가까운 강화도가 좋을 듯하옵니다."

신하들이 말했습니다.

"그러면 어서 서둘러라. 백성들이 이 사실을 알면 소란이 일어날 테니, 아무도 모르게 재빨리 진행하여라."

임금은 강화도로 피난을 갔습니다. 육지와 가까우면서도 바다 물살이 급해 적들이 쉽게 건널 수 없었기 때문입니다.

임금은 개성을 떠나 남쪽 임진강을 건넌 뒤 김포 통진에 이르렀습니다. 통진을 건너면 바로 강화도였습니다.

"어서 사공을 찾아라."

아무에게도 알리지 않은 피난이라 통진 땅에 들어서야 뱃사공을 찾았습니다.

"통진에서 가장 이름난 사공은 바로 손돌이란 자입니다."

임금의 행차를 돕는 사령들이 손돌을 찾아 데려왔습니다.

"여기 손돌을 찾아왔습니다."

"네가 손돌이냐?"

"네, 그렇사옵니다."

"우리가 급히 강화도를 가야 하는데 뱃사공이 필요해서 불렀다."

한 신하가 말했습니다.

"하지만 지금은 날씨가 좋지 않아서 배를 띄울 수가 없습니다. 오늘은 여기서 주무시고 내일 떠나시는 게 좋겠습니다."

손돌이 머리를 조아리며 말했습니다.

"한시가 급하니 지금 당장 배를 띄워라!"

신하가 호령하듯 말했습니다.

"저녁때는 바닷물이 휘돌아 나가 위험합니다. 주무시고 내일 떠나는 것이……."

"우리는 그럴 시간이 없다. 품삯을 곱절로 줄 테니 어서 배를 띄워라."

다른 신하도 재촉했습니다.

"그럼 따라오십시오."

손돌은 갯가에 매어 둔 배를 풀었습니다. 배는 처음에는 기우뚱하더니 곧 바닷물에 둥실 떠올랐습니다.

"어인 일로 급하십니까?"

손돌은 궁금한 터라 신하에게 물었습니다.

"네가 알 것 없다. 어서 빠르게 배나 저어 가라."

눈앞에 바로 강화 땅이 보였지만 워낙 물살이 세서 배가 심하게 요동치면서 자꾸 아래로 떠내려갔습니다. 그러는 바람에 강화에 도착하려면 시간이 꽤 걸릴 것 같았습니다.

바다 한가운데쯤 왔을 때였습니다. 산들산들 불던 바람이 점

차 거세지고. 하늘에 검은 구름이 몰려들기 시작했습니다.

"저녁 날씨는 금방 변합니다. 잠시 피해서 가야겠습니다."

손돌이 거칠어지는 파도를 바라보며 말했습니다.

"이봐라. 어서 빠르게 저어 가기나 해라. 한시가 급하다."

신하가 말했습니다.

"이 날씨로는 힘듭니다. 여기서 잠시 저쪽 여울로 들어갔다가 바람이 잠잠해지면 가야겠습니다."

"엎어지면 코 닿을 거리인데 어서 가자."

"안 됩니다. 위험합니다. 저기 저 여울에서 잠시 쉬었다가 바람이 좀 잦아지면 모셔 드리겠습니다."

손돌은 걱정이 되어 말했습니다.

"이 녀석. 혹시 다른 꾀를 부리는 것 아니냐?"

신하가 다짜고짜 말했습니다.

"아닙니다. 이곳 날씨는 언제 어떻게 될지 몰라서 그럽니다요."

"이 녀석. 아무래도 수상하다. 하루에도 몇 번씩 이곳을 건너다니며 잔뼈가 굵은 놈이 이만한 바람에 배를 못 젓겠다고? 반드시 무슨 흉계가 있는 게다."

"아, 아닙니다!"

손돌은 너무 억울했습니다.

"저놈이 수상하니 당장 죽여라."

그러자 임금 행차를 돕는 사령들이 몰려들어 손돌을 죽이고 말았습니다.

손돌은 무사히 건너게 해 주려다가 오히려 오해를 받고 죽는 것이 몹시 원통하고 분했습니다. 그 뒤로 해마다 음력 시월 스무날이 되면 날씨가 추워지고 바람이 사나워졌습니다. 그래서 사람들은 손돌의 원한이 사무쳐서 날씨가 험해지는 거라고 믿었습니다.

이때부터 갑자기 날씨가 추워지면 '손돌 추윈가?'라는 말을 하게 되었답니다. 그리고 갑자기 바람이 불면 '손돌 바람인가?'라고도 했답니다.

이런 속담도 있어요

말에 대한 속담

가난을 이야기한 속담

기회를 잡는 것에 대한 속담

절약을 이야기한 속담

부자에 대한 속담

돈에 대한 속담

노랑이에 대한 속담

분수에 대한 속담

불성실을 나타내는 속담

남 탓을 하는 것에 대한 속담

협동을 이야기한 속담

재능에 대한 속담

말에 대한 속담

발 없는 말이 천 리 간다
말이란 순식간에 멀리까지 퍼져 나가므로, 조심하라는 뜻.

한번 한 말은 어디든지 날아간다
한번 뱉은 말은 사방으로 퍼져 나가므로, 말조심하라는 뜻.

살은 쏘고 주워도 말은 하고 못 줍는다
화살은 쏘고 나서 주워 올 수 있으나, 말은 하고 나면 다시 수습할 수 없다.

낮말은 새가 듣고 밤말은 쥐가 듣는다
아무도 안 듣는 데서라도 말조심해야 한다.

소더러 한 말은 안 나도 아내에게 한 말은 난다
아무리 다정한 사이라도 말을 조심해서 가려 해야 한다.

정들었다고 정말 말라
친하다고 해도 서로에게 해서 안될 말은 하지 말아야 한다.

웃으라고 한 말에 초상난다
농담으로 한 말이 깊은 상처를 줄 수 있다.

혀 아래 도끼 들었다
말을 잘못하면 상처를 줄 수 있으니, 늘 말을 조심하라는 뜻.

뒷간과 사돈집은 멀어야 한다
뒷간이 가까우면 냄새가 나듯, 사돈집이 가까우면 말썽이 일기 쉽다.

말 많은 집은 장맛도 쓰다
입으로는 그럴듯하게 말하지만, 실상은 좋지 못하다는 뜻.

가는 말이 고와야 오는 말도 곱다
남에게 말이나 행동을 좋게 해야 자기에게도 좋은 반응이 돌아온다.

입은 삐뚤어져도 말은 바로 해라
아무리 상황이 안 좋아도 진실은 바로 밝혀야 한다.

말 한마디에 천 냥 빚도 갚는다
말만 잘하면 어려운 일이나 불가능한 일도 해결할 수 있다.

가루는 칠수록 고와지고 말은 할수록 거칠어진다
시비가 길어지면 다툼까지 갈 수 있으니 말을 삼가라는 뜻.

가난을 이야기한 속담

가난한 집에 자식이 많다
가난한 집에는 먹고살 걱정이 태산 같은데 자식까지 많다는 것으로, 이래저래 부담되는 일이 많다는 뜻.

가난 구제는 나라(나라님)도 못 한다
가난한 사람을 도와주는 것은 아무리 해도 끝이 없어 나라 힘으로도 어렵다.

가난도 비단 가난
아무리 가난해도 몸을 함부로 하지 않고 예절을 지킨다.

가난한 집 신주 굶듯 한다
가난한 집에서는 산 사람도 배를 곯는 형편이라 신주도 제사 음식을 제대로 받지 못한다. 줄곧 굶기만 한다는 뜻.

가난한 양반 씨나락 주무르듯
씨 뿌리려고 남겨 둔 씨앗을 먹을까 말까 고민하며 한없이 주무르고 있다는 뜻으로, 어떤 일에 선뜻 결정을 내리지 못하고 있는 모양.

가난할수록 기와집 짓는다
가난한 사람이 남에게 잘 보이려고 허세를 부린다는 뜻.

목구멍이 포도청
먹고살기 위해 못 할 일까지도 하게 된다는 것을 비유적으로 이르는 말.

굶어 죽기는 정승하기보다 어렵다
아무리 가난해도 쉽게 굶어 죽지는 않는다.

다 퍼먹은 김칫독
앓거나 굶주려서 눈이 쑥 들어간 사람을 비유적으로 이르는 말.

칠팔월 은어 곯듯
음력 칠팔월에는 알을 낳은 은어가 홀쭉해지는 것에 빗대어, 가난하여 먹고살기가 어려움을 비유적으로 이르는 말.

서 발 막대 거칠 것 없다
서 발이나 되는 막대기로 휘저어도 걸리는 것이 없을 만큼 가난하다는 뜻.

기회를 잡는 것에 대한 속담

떡 본 김에 제사 지낸다
우연히 운 좋은 기회에 하려던 일을 해치운다.

고사리도 꺾어야 할 때 꺾는다
무슨 일이나 다 해야 할 시기가 있으니, 때를 놓치지 말고 해야 한다는 뜻.

술은 괼 때 걸러야 한다.
일을 할 때에는 제때를 놓치지 말아야 한다.

소 잃고 외양간 고친다
이미 잘못된 뒤에는 후회해도 아무 소용 없다.

원님 행차 뒤 나팔 분다
이미 기회를 놓친 일을 비유적으로 이르는 말.

매화도 한철 국화도 한철
모든 것은 한창때가 지나면 반드시 쇠하고 만다는 뜻.

도둑맞고 사립 고친다
일에 대한 대비가 너무 늦다.

메뚜기도 유월이 한철이다
제때를 만난 듯이 날뛰는 사람을 비유적으로 이르는 말.

단풍도 떨어질 때에 떨어진다
무엇이나 제때가 있다.

쇠뿔도 단김에 빼랬다
무슨 일을 하고자 했으면 망설이지 말고 곧 행동으로 옮겨라.

절약을 이야기한 속담

단단한 땅에 물이 괸다
절약해야 돈이 모인다.

강물도 쓰면 준다
무엇이든지 많다고 마구 쓰지 말고 아껴야 한다.

가랑비에 옷 젖는 줄 모른다
대수롭지 않은 일도 자주 거듭되면 무시하지 못할 것이 된다.

티끌 모아 태산
아무리 적은 것이라도 조금씩 모으면 큰 것이 된다.

개미 금탑 모으듯 한다
재물을 조금씩 알뜰하게 모은다.

부엉이 곳간
없는 것 없이 여러 가지를 많이 모아 간직하고 있음을 비유적으로 이르는 말.

과부 은 팔아먹기
벌지는 못하고 모아 놓은 것을 야금야금 털어먹음을 비유적으로 이르는 말.

소같이 벌어서 쥐같이 먹어라
애써 번 것을 절약하여 쓰라는 뜻.

아끼는 것이 찌로 간다
너무 아끼고 쓰지 않으면 오히려 잃거나 쓸모없게 된다.

부자에 대한 속담

부잣집 가운데 자식
하는 일 없이 빈둥빈둥 놀고먹는 사람을 비유적으로 이르는 말.

부잣집이 망해도 삼 년을 간다
부자는 망해도 얼마 동안은 그럭저럭 살아갈 수 있다.

부잣집 맏며느리
듬직하고 복스럽게 생긴 여자를 비유적으로 이르는 말.

부잣집 외상보다 비렁뱅이 맞돈이 좋다
장사에 아무리 신용이 있어도 바로 주고받는 돈만 못하다.

부자는 많은 사람의 밥상
부자는 여러 사람에게 많건 적건 덕을 끼치게 된다는 뜻.

부자도 한이 있다
부자라고 해서 늘 재산이 늘어만 가는 것은 아니다.

부자 하나면 세 동네가 망한다
큰일을 하나 이루려면 많은 희생이 따르게 된다.

부잣집 업 나가듯 한다
부잣집에서 업구렁이가 나가듯, 까닭 없이 몰락해 간다.

돈에 대한 속담

돈만 있으면 개도 멍첨지라
천한 사람도 돈이 있으면 남들이 귀하게 대접해 준다. 돈이 있으면 멸시 받지 않는다는 뜻.

돈만 있으면 처녀 불알도 산다
돈만 있으면 세상에 못 할 것이 없다.

돈만 있으면 귀신도 부릴 수 있다
돈으로 뭐든지 다 된다.

돈 모아 줄 생각 말고 자식 글 가르쳐라
가장 좋은 유산은 교육이다.

돈 없는 놈이 큰 떡 먼저 든다
자격이 없는 사람이 먼저 나선다.

돈에 범 없다
돈이면 호랑이도 무섭지 않다는 뜻.

돈이 돈을 번다
돈이 많아야 이익도 많이 남길 수 있다.

돈이 많으면 장사를 잘하고 소매가 길면 춤을 잘 춘다
모든 일이 잘되려면 재료가 좋고 넉넉해야 한다.

돈이 없으면 적막공산이요, 돈이 있으면 금수강산이라
경제적으로 넉넉해야 삶을 즐길 수 있다는 뜻.

노랑이에 대한 속담

부잣집 똥개는 작다
부잣집일수록 개 먹이도 잘 주지 않을 만큼 인색하다는 뜻.

연주창 앓는 놈의 갓끈을 핥겠다
하는 짓이 몹시 인색하고 더러운 사람을 두고 이르는 말.

감기 고뿔도 남은 안 준다
지독하게 인색하다.

이마를 찔러도 피 한 방울 안 나겠다
몹시 인색하고 약삭빠른 사람을 비유적으로 이르는 말.

짚신을 뒤집어 신는다
해어진 짚신도 뒤집어 신을 만큼 인색하다는 뜻.

그렇게 하면 뒷간에 옻칠을 하나
그렇게 하면 뒷간에까지 값비싼 옻칠을 하고 살겠느냐는 뜻으로, 아주 인색하게 굴어 재산을 모으는 사람을 놀리는 말.

곰배팔이 담배 목판 끼듯
곰배팔로 목판을 끼면 스스로 풀지 못하듯, 돈을 움켜 쥐고 놓지 않는다는 뜻.

숯은 달아서 피우고 쌀은 세어서 짓는다
진짜 인색한 사람을 비유적으로 이르는 말.

분수에 대한 속담

뱁새가 황새를 따라가면 다리가 찢어진다
힘에 겨운 일을 억지로 하면 도리어 해를 입는다.

거지가 말 얻은 것
제 분수에 넘치는 것을 얻어 자랑하는 것을 비웃는 말.

행랑이 몸채 노릇 한다
신분이 낮은 사람이 일에 간섭하고 주인 노릇을 한다는 뜻.

송충이가 갈밭에 내려왔다
솔잎을 먹고 사는 송충이가 먹을 것을 찾아 갈밭에 내려온다는 뜻으로, 제 분수에 어울리지 않는 행동을 하는 것을 비유적으로 이르는 말.

떼 꿩에 매 놓기
욕심이 많으면 하나도 이루지 못한다는 뜻.

늙은 말이 콩 더 달란다
늙어 갈수록 욕심이 더 많아진다는 뜻.

줄수록 양양
주면 줄수록 부족하게 여기고 더 요구하게 된다는 뜻.

온 바닷물을 다 켜야 맛이냐
욕심이 끝이 없고, 무슨 일이나 끝장을 보지 않으면 손을 놓지 않는 사람을 놀리는 말.

바다는 메워도 사람 욕심은 못 채운다
사람의 욕심은 끝이 없다는 뜻.

낮에 난 도둑
염치없이 욕심을 부리는 사람을 비유적으로 이르는 말.

불성실을 나타내는 속담

염불에는 맘이 없고 잿밥에만 맘이 있다
맡은 일에 정성을 들이지 않고, 잇속이 있는 데에만 마음을 둔다.

처삼촌 뫼에 벌초하듯
정성을 들이지 않고 대충대충 일하는 것을 비유적으로 이르는 말.

의붓딸이 새남하듯
성의 없이 대충하는 것을 이르는 말. 새남은 죽은 사람 혼을 잘 모시는 것을 뜻한다.

작은어미 제삿날 지내듯
정성을 들이지 않고 마지못해 형식만 갖춤을 이르는 말.

명태 한 마리 놓고 딴전 본다
겉에 벌여 놓은 일보다 더 중히 여기는 일이 따로 있다는 뜻.

자다가 봉창 두드린다
얼토당토않은 말을 할 때 이르는 말.

남 탓을 하는 것에 대한 속담

똥 묻은 개가 겨 묻은 개 나무란다
자기는 더 큰 흉이 있으면서 도리어 남의 작은 흉을 본다.

가랑잎이 솔잎더러 바스락거린다고 한다
자기 허물은 생각하지 않고 도리어 남의 허물만 나무란다.

매달린 개가 누워 있는 개를 웃는다
남보다 못한 주제에 오히려 남을 비웃는다는 뜻.

그슬린 돼지가 달아맨 돼지 타령한다
제 흉은 모르고 남의 흉만 탈 잡고 나무란다는 뜻.

숯이 검정 나무란다
자기 허물을 생각하지 않고 남의 잘못을 드러낸다는 뜻.

가마 밑이 노구솥 밑을 검다 한다
자기 허물은 모르고 남을 나무라거나 흉을 본다는 뜻.

똥 싸고 매화 타령한다
제 허물을 부끄러워할 줄 모르고 비위 좋게 날뛴다.

선무당이 마당 기울다 한다
제 능력이나 솜씨가 부족함을 모르고 다른 핑계로 변명을 한다.

서투른 무당이 장구만 나무란다
자기 능력을 모르고 도구만 나쁘다고 탓한다.

문비를 거꾸로 붙이고 환쟁이만 나무란다
자기가 잘못하고 도리어 남을 나무란다.

협동을 이야기한 속담

백지장도 맞들면 낫다
아무리 쉬운 일이라도 서로 도우면 훨씬 더 낫다는 뜻.

두 손뼉이 맞아야 소리가 난다
무슨 일이든지 양편이 뜻이 맞아야 일을 할 수 있다는 뜻.

도둑질을 해도 손이 맞아야 한다
무슨 일이든 서로 뜻이 맞아야 이루기 쉽다.

열에 한 술 밥
열 사람이 한 술씩 밥을 덜으면 쉽게 밥 한 그릇을 만들 수 있다는 뜻으로, 여럿이 힘을 모으면 큰 힘이 됨을 비유적으로 이르는 말.

종이도 네 귀를 들어야 바르다
힘을 모아야 일하기 쉽다.

때리는 시늉을 하면 우는 시늉을 한다
서로 손이 척척 잘 맞는다.

세 사람만 우겨 대면 없는 호랑이도 만들어 낼 수 있다
여러 사람이 힘을 모으면 무슨 일이나 다 할 수 있다.

재능에 대한 속담

굼벵이도 꾸부리는 재주가 있다
사람마다 장기가 있으니 업신여기지 말라는 뜻.

참새가 작아도 알만 잘 깐다
몸은 비록 작아도 큰일을 해냄을 이르는 말.

기는 놈 위에 나는 놈이 있다
아무리 재주가 뛰어나도 그보다 나은 사람이 있으니, 너무 자랑하지 말라는 뜻.

눈 찌를 막대
아무리 약한 사람이라도 자기를 해치려는 사람을 막기에 충분한 수단을 가지고 있다는 뜻.

제비는 작아도 강남 간다
몸집은 비록 작아도 제 할 일은 다 하는 법이니, 작다고 얕보지 말라는 뜻.

범 잡아먹는 담비가 있다
위에 또 위가 있다는 말로, 혼자 잘난 체하지 말라는 뜻.

범에게 날개
세력이나 재주 있는 사람이 그 위에 더 좋은 조건을 가지게 됨을 비유적으로 이르는 말.

열두 가지 재주에 저녁거리가 없다
재주가 너무 많은 사람은 한 가지 재주만 가진 사람보다 성공하기 힘들다는 뜻.

속담 하나 이야기 하나

제1판 제1쇄 발행일 1994년 5월 10일
개정판 제1쇄 발행일 2014년 3월 10일
개정판 제14쇄 발행일 2026년 1월 2일

글쓴이·임덕연
그린이·안윤경

펴낸이·곽혜영
주　간·오석균
편　집·최혜기
디자인·소미화
마케팅·권상국
관　리·김경숙
펴낸곳·도서출판 산하 | 등록번호·제2020-000017호
주소·03385 서울특별시 은평구 연서로26길 27. 대한민국
전화·(02)730-2680(대표) | 팩스·(02)730-2687
홈페이지·www.sanha.co.kr
전자우편·sanha0501@naver.com

ISBN 978-89-7650-424-1 74810
ISBN 978-89-7650-500-2 (세트)

＊이 도서의 국립중앙도서관 출판시도서목록(CIP)은 e-CIP홈페이지(http://www.nl.go.kr/ecip)와
　국가자료공동목록시스템(http://www.nl.go.kr/kolisnet)에서 이용하실 수 있습니다.
　(CIP제어번호 : CIP2014007266)
＊이 책은 저작권법에 따라 보호받는 저작물이므로 무단 전재와 무단 복제를 금합니다.
＊8세 이상 어린이를 위한 책입니다.